U0772816

中国工程院院士
是国家设立的工程科学技术方面的最高学术称号，为终身荣誉。

中国工程院院士传记

林元培传

林元培　口述

陆幸生　执笔

中国建筑工业出版社

人民出版社

图书在版编目（CIP）数据

林元培传 / 林元培口述；陆幸生执笔. -- 北京：
中国建筑工业出版社，2024. 9. --（中国工程院院士传
记）. -- ISBN 978-7-112-30440-0

Ⅰ. K826.16

中国国家版本馆CIP数据核字第202403DZ27号

责任编辑：毕凤鸣
版式设计：锋尚设计
责任校对：刘梦然

中国工程院院士传记

林元培传

林元培　口述　陆幸生　执笔

*

中国建筑工业出版社出版、发行（北京海淀三里河路9号）

各地新华书店、建筑书店经销

北京锋尚制版有限公司制版

北京中科印刷有限公司印刷

*

开本：787毫米×1092毫米　1/16　印张：11¾　字数：151千字

2024年11月第一版　　2024年11月第一次印刷

定价：**99.00**元

ISBN 978-7-112-30440-0

（43160）

版权所有　翻印必究

如有内容及印装质量问题，请与本社读者服务中心联系

电话：（010）58337283　QQ：2885381756

（地址：北京海淀三里河路9号中国建筑工业出版社604室　邮政编码：100037）

中国工程院院士传记丛书

领导小组

顾　问：宋　健　徐匡迪　周　济

组　长：李晓红

副组长：钟志华　蒋茂凝　邓秀新　辛广伟

成　员：陈建峰　梁晓捷　罗莎莎　唐海英　丁养兵
　　　　李冬梅

编审委员会

主　任：辛广伟　罗莎莎

副主任：葛能全　唐海英

成　员：张戟勇　谭青海　侯　春

编撰出版办公室

主　任：张戟勇

成　员：侯　春　李淼鑫　方鹤婷　姫　学　高　祥
　　　　何朝辉　宗玉生　张　松　王小文　黄　永
　　　　丁　宁　聂淑琴

热烈祝贺

上海市政工程设计研究总院（集团）有限公司
成立 70 周年

中國工程院院士 林元培

总　序

　　20世纪是中华民族千载难逢的伟大时代。千百万先烈前贤用鲜血和生命争得了百年巨变、民族复兴，推翻了帝制，肇始了共和，击败了外侮，建立了新中国，独立于世界，赢得了尊严，不再受辱。改革开放，经济腾飞，科教兴国，生产力大发展，告别了饥寒，实现了小康。工业化雷鸣电掣，现代化指日可待。巨潮洪流，不容阻抑。

　　忆百年前之清末，从慈禧太后到满朝文武开始感到科学技术的重要，办"洋务"，派留学，改教育。但时机瞬逝，清廷被辛亥革命推翻。五四运动，民情激昂，吁求"德、赛"升堂，民主治国，科教兴邦。接踵而来的，是国民大革命、10年内战、14年抗日和解放战争。恃科学救国的青年学子，负笈留学或寒窗苦读，多数未遇机会，辜负了碧血丹心。

　　1928年6月9日，蔡元培主持建立了中国近代第一个国立综合性科研机构——中央研究院，设理化实业研究所、地质研究所、社会科学研究所和观象台四个研究机构，标志着国家建制科研机构的诞生。20年后，1948年3月26日遴选出81位院士（理工53位，人文28位），几乎都是20世纪初留学海外、卓有成就的科学家。

　　中国科技事业的大发展是在新中国成立以后。1949年11月1日成立了中国科学院，郭沫若任院长。1950—1960年有2500多名留学海外的科学家、工程师回到祖国，成为大规模发展中国科技事业的第一批领导骨干。国家按计划向苏联、东欧各国派遣 1.8 万名各类科技人员留学，全都按期回国，成为建立科研和现代工业的骨干力量。高等学校从新中国成立初期的 200 所增加到 600 多所，年招生增至 28 万人。到 21 世纪初，高等学校 2263 所，年招生 600多万人，科技人力总资源量超过 5000 万人，具有大学本科以上学历科技人才达 1600 万人，已接近最发达国家水平。

新中国成立 60 多年来，从一穷二白成长为科技大国。年产钢铁从 1949 年的 15 万吨增加到 2011 年的粗钢 6.8 亿吨、钢材 8.8 亿吨，几乎是 8 个最发达国家（G8）总年产量的 2 倍。水泥年产 20 亿吨，超过全世界其他国家总产量。中国已是粮、棉、肉、蛋、水产、化肥等第一生产大国，保障了 13 亿多人口的食品和穿衣安全。制造业、土木、水利、电力、交通、运输、电子通信、超级计算机等领域正迅速逼近世界前沿。"两弹一星"、高峡平湖、南水北调、高公高铁、航空航天等伟大工程的成功实施，无可争议地表明了中国科技事业的进步。

党的十一届三中全会以后，实行改革开放，全国工作转向以经济建设为中心。加速实现工业化是当务之急。大规模社会性基础建设，大科学工程、国防工程等是工业化社会的命脉，是数十年、上百年才能完成的任务。中国科学院张光斗、王大珩、师昌绪、张维、侯祥麟、罗沛霖等学部委员（院士）认为，为了顺利完成中华民族这项历史性任务，必须提高工程科学的地位，加速培养更多的工程科技人才。中国科学院原设的技术科学部已不能满足工程科学发展的时代需要。他们于 1992 年致书党中央、国务院，建议建立"中国工程科学技术院"，选举那些在工程科学中做出重大的、创造性成就和贡献、热爱祖国、学风正派的科学家和工程师为院士，授予终身荣誉，赋予科研和建设任务，请他们指导学科发展，培养人才，对国家重大工程科学问题提出咨询建议。中央接受了他们的建议，于 1993 年决定建立中国工程院，聘请 30 名中国科学院院士和遴选66名院士共96名为中国工程院首批院士。于1994年6月3日，召开了中国工程院成立大会，选举朱光亚院士为首任院长。中国工程院成立后，全体院士紧密团结全国工程科技界共同奋斗，在各条战线上都发挥了重要作用，做出了新的贡献。

中国的现代科技事业比欧美落后了200年。虽然在20世纪有了巨大进步，但与发达国家相比，还有较大差距。祖国的工业化、现代化建设，任重道远，还需要有数代人的持续奋斗才能完成。况且，世界在进步，科学无止境，社会无终态。欲把中国建设成科技强国，屹立于世界，必须持续培养造就数代以千万计的优秀科学家和工程师，服膺接力，担当使命，开拓创新，更立新功。

中国工程院决定组织出版"中国工程院院士传记"丛书，以记录他们对祖国和社会的丰功伟绩，传承他们治学为人的高尚品德、开拓创新的科学精神。他们是科技战线的功臣，民族振兴的脊梁。我们相信，这套传记的出版，能为史书增添新章，成为史乘中宝贵的科学财富，俾后人传承前贤筚路蓝缕的创业勇气、魄力和为国家、人民舍身奋斗的奉献精神。这就是中国前进的路。

2012年6月

序

本书概述了我多年从事桥梁设计研究的经历。

青年时代，我主要负责桥梁结构内力计算工作，当时没有电子计算机，所以迫切需要提出一种八九不离十的近似公式。方法是应用弹性力学的最小势能原理，得出近似公式，再做模型试验，检验近似公式的精确度。若精确度不够，则推倒重来，这项工作周而复始了许多年。

20世纪60年代，我院第一代总工程师刘作霖设计建成了突破百米跨度的柳江大桥，建设过程中，我提供了一套近似计算公式，大桥建成后他说："不但要建成柳江大桥，还要在上海建黄浦江大桥。"

第二代总工程师张迺华经研究认为，在黄浦江上最好造斜拉桥。经上海市委批准，在上海市松江区泖港镇建造一座跨度200米的斜拉桥，并把该桥定为试验桥。如果发现任何缺陷，可以在下一次建设中进行改进。我仍然负责结构分析工作，主要是在施工过程中对结构内力、变形进行正确控制。结构制造有误差，弹性模量有误差，因此采用现代控制论中的"卡尔曼滤波法"优化内力、控制变形，最终泖港大桥高精度合龙。

1985年，我任我院第三代总工程师，前两代总工程师没有在黄浦江上造大桥的机遇，我自问：如果明天就要在黄浦江上造大桥，我有没有把握？考虑下来我有三点不足：

一、黄浦江大桥跨度至少 400 米，我只有 200 米的泖港大桥的设计经验，还缺乏实际经验。

二、泖港大桥的斜拉索较国际水平相差太大。

三、上海是软土地基，大桥体量大，将来会产生多少沉降说不清。

以上三点很难把握，但我考虑到，我手里有许多中小桥的项目，如果我能提出解决上述三个难点的构思，然后挑选合适的中小桥来试验，就可以用试验的效果来检验构思是否正确。中小桥的设计风险不大，就用中小桥来做模型试验，试验以后仍可通车使用。

第一个模型试验桥选定在上海新客站，需要造一个过站的小斜拉桥，铁道方面表示原有轨顶的标高不能变，如果建成后桥的沉降太大，影响火车通行净空，这桥必须拆掉。于是我采用钢管桩基础，把桩一直打到上海硬土层，以观后效。桥建成后，经多年观测，沉降只有几厘米，因此后来的南浦大桥基础就采用该钢管桩基础。

不仅如此，对这座小斜拉桥的斜拉索进行了对标国际水平的修改，试验结果表明，疲劳应力满足要求，同时成功解决了上述的两个难点。

第二个模型试验桥选定在重庆设计嘉陵江石门大桥，甲方要求设计一座独塔的斜拉桥，为避免水下施工，把塔放在江中的一个小岛上，该岛距离岸边 230 米。若该桥成功建成，再重复做一个独塔斜拉桥，跨度就是 460 米，就可实现跨越黄浦江的目标。该工程项目已经在我院落实，必将完成。设计过程中改进了施工工艺、计算方法，最终成功建成了嘉陵江石门大桥。

两座试验桥的设计成功，使我心中对之后的黄浦江大桥设计有了底。

自 1988 年开始设计黄浦江大桥，其间完成了南浦大桥、杨浦大桥、徐浦大桥、卢浦大桥以及东海大桥的设计工作。这些桥梁均已成功建成，并三次获得国家科学技术进步奖一等奖和两个桥梁国际大奖。

2015 年，中国科学院紫金山天文台发现的国际编号 210230 小行星，并将其命名为"林元培星"。

回顾我一生走过的路，中国改革开放及浦东的发展给我带来了非凡的机遇，使我有机会为我们伟大的祖国作出应有的贡献。

林元培

合 家 照

國慶節与夫人、孙子遊上海外灘

写在前边

一

桥是什么？中国现代桥梁之父茅以升有一句名言："桥何名欤？曰奋斗。"说的是造桥人必须具有的献身精神。

从实际生活来说，对桥的期盼，一定出现在没有路，而必须要建造一条新路的地方。前方，也许是潺潺流水或浅浅沟壑，也许是大江大河或悬崖陡壁。但我们的目的，是要到对岸去。

"逢山开路，遇河搭桥"，这句话至少有一半是说给造桥人听的；早期的人类可以划船，但是要承受颠簸，甚至要敢于直视淹没的危险，只有桥，方能提供安全、快捷、畅通无阻的行进。造桥人的心愿，就是如履平地地实现跨越。

桥是人类自我建造的一块飞地，凌空而起，平顺悬跨，两端落地，生根不移，或粗疏，或精巧，或窄小，或宽大，或悠长，或高远，或是花前月下的前影，或是改天换地的背景。

没有桥，路只是片段，就没有所谓的"新目标、新阶段"。没有桥，尤其是没有跨江越海的大桥，相应地域的人类生存只能是各自为政的短篇小说，也许会诞生某部精彩的中篇，但无法孕育恢宏巨著。

任何一座桥，都在表达特定时段的前行方向，都是坚强意志的化身，也一定闪烁着普度众生的光华。

二

有一句话：任何历史，首先都是地理史。把这句话展开来读，就是：地理是世界或某一地区的自然环境（山川、气候等）及社会要素的统称；地理学是一门综合性学科，研究的是地球表面的地理环境中各种自然现象和人文现象，以及它们之间的相互关系。

任何事件的发生、过程和相应结果，都是在已定的地理位置和人文环境中孕育并由其规定的，这些属不可抗力；同理，任何一个个体，都生活在已被确定的时代背景里，无论遭遇还是机遇。

三

"机遇"词语解：有利的时机或者境遇。

没有机遇，就没有一切。没有 1978 年的中国共产党十一届三中全会的拨乱反正，没有以经济建设为中心任务的中国巨大历史性转折，没有开发开放浦东的中央决策，黄浦江上建造大桥的"事情"，还不知道要等待几个年头，或是十几个年头，甚至更长时间。

1949 年 5 月，上海解放，中华人民共和国第一任上海市市长陈毅也曾眺望黄浦江东岸，然而，一穷二白的国家，百废待兴，这位开国元帅颇有些无奈地说道："浦东是块处女地，一江之隔，就变成了遥远的地方，多可惜啊！"

林元培多次提到：第一个提出要在黄浦江上造桥的，是 20 世纪 60 年代的上海市市政工程设计院第一任总工程师刘作霖；第一个提出要在黄浦江上造斜拉桥的，是 70 年代的上海市市政工程设计院第二任总工程师张洒华；"我是跟在前辈后面的人"，我能够成为四座黄浦江大桥的总设计师，是因为中国改革开放的机遇好。

四

机遇开创了一个新时代，这个时代一定会造就崭新风格的建筑标志物；机遇也造就了一代集体开创者，这些集体开创者也一定会诞生杰出的代表人物。

1954 年踏入上海给水排水设计院（现为上海市政工程设计研究总院）的林元培，始终坚守，从未离开，迄今在这个"院子"里耕耘了将近 70 年。在两个世纪的交替之际，林元培呕心沥血、精忠报国，以上海市政工程设计研究总院总工程师、黄浦江四座大桥总设计师的名义，让黄浦江大桥成为上海划时代的纪念碑。

林元培的"我的机遇好"，道出了他对生逢其时的无比欣慰，更表达了他对上海市政工程设计研究总院桥梁设计团队，以及所有参加建造大桥的施工单位发自内心的谢意；"一个人本事再大，也是难以独立设计一座世界级大桥的"。

今天的上海市政工程设计研究总院是名副其实的桥梁建设"国家队"，"目前我们的桥梁设计、施工已经达到了世界一流水平"。

五

在 2021 年长达半年的访谈中，林元培经常会说到这样的三句话。

第一句：机遇来了，新的时代，我的个性就是要创新。林元培的创新个性，是他终身学用精进的迎战姿态。

第二句：我一直在考虑，是不是还有自己没有想到的"第七个问题"。这"第七个问题"始终没有出现，林元培设计的大桥，迄今畅行无阻。关于这"第七个问题"的思考，体现的是林元培科学求实的严谨态度。

第三句：我总是睡不着。在"创新"与"求实"两者构成的现代大型桥梁建筑的金字塔尖上，在新项目完成之前的日日夜夜里，林元培总是睡不着，这是他生理负荷的极端写照。

六

在访谈与查阅资料的时候，有两件与当年时政相关的事情，格外引人注目。

第一件事情是关于孙中山的。在中央决定浦东开发开放的20世纪90年代初期，报刊电视的各种宣传文本，都会提到孙中山拟就的《建国方略》，把"构建了改造和建设中国的宏伟蓝图"，写进新闻导语。只是，打开原文阅读，关于上海市区黄浦江的叙述，则是这样的："现在上海前面缭绕潆洄之黄浦江，则填塞之以作广马路及商店地也。此所填塞之地，当然为国家所有……暨其附近，亦均当由国家收用，而授诸国际开发之机关所支配。"简言之，也就是填平黄浦江，连带附近土地全归国家所有，引进外资开发。当年就有评述者解读，孙中山这样强硬的姿态，完全源于"强烈的反租界的政治立场"，属"空中楼阁式的构想"。

在《建国方略》中，实际说到的大桥是长江大桥，建造地址是在芜湖。

第二件事情是，时任上海市委书记兼上海市市长朱镕基与林元培有过一次一对一的谈话。专家委员会审定林元培的叠合梁斜拉桥方案，彼时工地已经打桩，但经过再度的实地考察，作为参考桥型的加拿大安纳西斯桥已发生裂缝，林元培必须修改原设计方案，工地"待图"停工。上海市政府办公厅一个电话，林元培当即赶到康平路，"朱镕基就坐在椅子上等他"。

整个过程，朱镕基只问了一句话："老林，你有把握吗？你有多少把握？"

林元培据实回复。朱镕基再没说一句话，因有会议，他起身走了。

资料显示，这次谈话发生的时间，正值中国改革开放总设计师邓小平在上海。邓小平多次与朱镕基谈道："浦东开发晚了，但还来得及，上海市委、市政府应该向中央汇报。"朱镕基汇报："开发建设的报告不理想，不敢报。"邓小平回答："不用怕，报嘛"，"上海是一张王牌，是一条捷径"。

朱镕基对林元培只说了一句话，是此时无声胜有声。

"时来天地皆同力，运去英雄不自由"，上海第一座黄浦江大桥——南浦大桥建成，浦东的发展，上海的风景线，中国改革开放的大格局，从此发生了根本的转变。

七

荣誉与遗憾。

2005 年 12 月 13 日，中国工程院发来公函：林元培同志：您于 2005 年 11 月当选为中国工程院院士，特此通知，并致祝贺！落款是：中国工程院主席团执行主席、中国工程院院长徐匡迪（签名）。

林元培时年 69 岁。

2007 年 9 月 11 日晚，由中国科学院紫金山天文台盱眙观测站观察发现，经国际天文台证实，国际小行星中心正式给予该小行星 210230 号国际永久编号，2015 年 1 月 5 日，经国际小行星命名委员会批准，这颗小行星被命名为"林元培星"。2015 年 4 月 10 日，在上海举行的命名仪式上，中国工程院院士、著名桥梁工程设计大师林元培接过国际小行星中心颁发的"林元培星"铜匾和证书，正式荣获永久性小行星命名。

林元培时年 79 岁。

林元培自述，他有一个"大遗憾"。据现场同志事后转告：1993 年 12 月 13 日，邓小平到杨浦大桥视察后说："喜看今日路，胜读十年书！"老人家当时问了一句话：这座桥的总设计师呢？此时的林元培正因香港理工大学邀请赴港讲课，不在上海。"如果我在的话，能够与小平同志见面，那就太好了；这个实在太遗憾了"。

八

任何历史首先都是地理史，反映的是先天局限；与此同时，任何历史都是人的历史，则强调了人类在面对局限时的后天突围。

1936 年出生于上海的林元培，跟许多来上海讨生活的外乡人的孩子一样，住在南市老城厢，父亲在附近的南北货市场奔波，幼时的他会去马路对面的黄浦江边玩。至今回忆起来，林元培还是这么说：那时候小，只知道眼前的河叫黄浦江，有船通行，其余什么也不记得了。

母亲不认字，当年老人家对林元培的教诲，反反复复讲的就是"家贫子读书"，意思就是我们做父母的这么辛苦，你要好好读书；这是莆田先人的故事，这是林氏家风。

1993 年 10 月 23 日，由林元培设计的当时世界跨度最大的斜拉桥——杨浦大桥建成通车。年近六十的他，曾带领着自己的孙子，来到距家不远的杨浦大桥边，让林家后人看看自己亲手设计的跨江大桥。

祖祖辈辈一百年，朝朝暮暮千万里，要的就是自己能造桥，造大桥。"我的机遇好"，这更是林元培给予家人的最佳回报和纪念。

九

2020 年 11 月 12 日上午，浦东开发开放 30 周年庆祝大会在上海世博中心举行。中共中央总书记、国家主席、中央军委主席习近平出席大会并发表重要讲话。习近平总书记与被邀请的五十余位会议代表合影留念，第一排有十五个位置，林元培坐在第一排左起的第三个位置。林元培时年 84 岁。

迄今，中国工程院院士、全国工程设计大师林元培，是上海市政工程设计研究总院资深总工程师，这个职务"永不退休"，在每个工作日的上午，他都会来到自己的办公室。

"无穷的远方，无穷的人们，都与我有关"（摘自鲁迅《这也是生活》），这就是一个建桥人毕生不渝的宗旨，一位科学家衔接两个世纪的辉煌轨迹。

陆幸生

2023 年 1 月

目　　录

中国工程院院士传记

林元培传

第一章

20 世纪三四十年代的颠沛流离，
"没有想过会与黄浦江有什么关联"

20 世纪 30 年代，从福建开往上海的客货班轮，那一声声震耳的汽笛，其沉闷是在宣示离土离港的催促，其尖锐则标志着对"未来"的靠近与抵达。那时候的铁壳船和发声器械，都是前一个百年的工业产品了，岁月锈蚀，踪影难寻；即使留有照片，但在今天人们的眼里，再清晰的记忆图形，也都已是渺渺之物。重重叠叠的分离，那份凄冷和憧憬，都早已消散在历史的时空里。

在一千个人的嘴里，"活着"一千个不同的哈姆雷特，仍然记得上海十六铺码头及其那声汽笛鸣响的人，一定有着他刻骨铭心的原因。

在 20 世纪 30 年代的初期，林元培的父亲就是"那样"人群中的一员，在福建莆田登上了北去上海的轮船。据今天的回忆来推算，登上客轮在海上飘摇的林父，大约也就二十岁刚刚出头，是个非常年轻的后生。

一个在老家跟着祖辈种地的人，感觉山田闭塞、日月困顿，便决意离乡背井，追随很多莆田前人的足印，奔赴上海。上海，是此次地理行程的终点，也是"实现某个人生目标"的梦幻之地。更具体的地点，即林元培父亲的落脚地，是南市老城厢"一带"。

20 世纪初，上海地界的有识士绅认为，"南市外濒黄浦，内逼城垣，地窄人稠"，主张拆除城墙。从行政管辖的定义上讲，这段话界定了"南市"的范围，即黄浦江和城墙之间的"地段"，也就是"上海县城老城厢的南面"；不是城里，而是墙外之南，那是一片临江的落乡之地。这一犹如半岛的狭长地带突兀在城外，颇有某种飞地的意思，无关无卡，外乡人来往无碍。当年横越马路的十六铺桥，是公共租界与华界的分界线。外国租界对上海本土和周边地区近现代历史的发展，都产生了深远的影响，但南市，一直是华界。

对于这一狭长"地段"，在上海生活的外国人，最初将它称为"南岛"（Nan Tao）。岛是隔洋相望的代称，也是历劫风波的标志。上海城墙拆除后，"华界城厢"消除了老城内外的地理隔碍，广义的"南市"概念日趋凝固为上海百姓的地理认可。辛亥革命后成立的"南市市政厅",掌管着这个区域的日常治理事务。1927年,南京国民政府建立,颁布《特别市组织法》,宣布上海设立"特别市"。就"国内"而言,这一时期属于"国民政府十年统治"的发端阶段。

上海南市,离莆田很远,但离下船的码头很近,就在马路的对面。林元培的父亲立定脚步的地方,华洋交界,贫富相邻,众声喧哗,汗血遍地。

林元培父亲来到上海谋生,最初是"学生意",到人家店里做账房先生,也就是现在的会计。直到他在上海"站住脚了",与父亲同村的邻居,也就是林元培的母亲,也从福建莆田赶到了上海,与父亲成婚。在乡下老家,两家住得很近,也就是相隔几十米远,两人从小就互相认识的。经过几年努力,可能是自己有了些做小生意的本钱,也熟悉了周围的人际关系,父亲决定不再为他人打工,而是自己转做批发生意。福建莆田盛产桂圆,他就从莆田当地批发桂圆,贩运到上海来做买卖。1936年2月,林元培出生在上海南市。至今,他仍记得当年那里附近有个叫宝带弄的地方。多年以后,林元培曾与母亲回到"住过的老地方",但一切已变得面目全非,已然认不出曾经的模样。

在今天的网页上,展示了20世纪30年代的上海外滩及黄浦江畔的照片,介绍文字如下:上海的外白渡桥,英国人称之为"花园桥"(Garden Bridge);上海海关大楼,其建筑样式参照了英国威斯敏斯特议会大楼的风格;停靠黄浦江的"马赛城市号"邮轮;临江的上海华懋酒店(现在的和平饭店);街上的汽车和人力车;苏州河上的中国式木船。

解说文字还提到:上海是"灯红酒绿的十里洋场,胶片里传出周璇甜美婉转的歌声,西餐厅里的小提琴乐曲悠扬,俱乐部里的交际花们一个个妖媚又风情,马路上人来人往,黄包车夫费劲地拉着客人走街串巷。路边的胭脂店,里面有很多美女月份牌,很多的上海老国货，雪花膏、蛤蜊油、雅霜、百雀羚等护肤品；小弄堂里，有特别风靡的小人书"。

上述的繁杂风景，与林家无缘。如今人们无从得知，当年从福建来到上海的年轻人，曾经听到过上海的"什么"，从而又幻想过"什么"，然而，舍祖业，弃耕地，奔赴"冒险家"之地，以另一种"市井"方式谋生，追寻"非农"生活，是他们共同的"青春动作"。

十六铺码头依水傍城，是上海的水上门户。从明清开始，各地商贾在十六铺小东门一带开店设庄，从事沿海和长江流域的埠际贸易业务，十六铺码头成为农副土特产品的重要集散地。闽粤商人在此运销来自福建、广东等地的海味、桂圆，以及来自海外的海参、燕窝、檀香等货物；随着江浙一带的南北货批发商号纷纷迁此营业，一个颇具规模的交易市场逐渐形成。在抗日战争前，洋行街就有 300 多家商号。

在这片街市中，路上常可看到飘逸的旗袍，更处处可见"在废弃物中寻找可用之物的妇女"。

林元培的父亲居于此地，结束了单身汉的生活后，他肩负起一大家子的艰辛生计，日夜忙碌。按照上海的老话来说，草芥小民，平头百姓，只要市面太平，"做做吃吃"，就很可以了。然而，日寇日益逼近的侵略炮火，驱赶着林家拖儿带女地南下回乡。

那时候，老百姓听到北平（今天的北京）发生了七七事变，日本人进攻，中国军队开枪回击，战争已经打响，并且有消息称战火很快会蔓延到上海。那些在上海过日子的外乡人只好逃难。那个时候林元培很小，还刚刚有了妹妹。父亲决定，马上带着全家逃回老家乡下去。当年家里也没有什么钱，父亲去找了一个朋友，通过他搭上了一条装货的货轮，由于货仓里没有座位，一家大小只能挤在黑暗的货仓角落里，心里祈求老天保佑，希望能够平安回到福建乡下去。

在那个时候的水路上什么事情都会发生，虽然日本人还没打过来，但是强盗是一直有的，就是那种拿步枪乘快船的强盗，靠上来，要收"买路钱"。幸好在林家乘坐的这个船上，船员有所准备，持枪的人比强盗多，一番激烈交火，硬是把强盗打跑了。

抵达福建莆田码头下船，林元培的爷爷来接自己的儿、孙，林元培母亲怀抱着年龄更小的妹妹。林元培记得很清楚，自己紧紧拉住母亲的衣角，怎么也不松手，就好像一松手，母亲就会不见了。

回家后，林元培父亲和自己留在老家的弟弟，两家人一起种地。庆幸的是，日本军队没有打到莆田这个地方来。

林元培一家子返回老家时，上海正经历天翻地覆的时刻。1937年8月，日本轰炸机袭击上海南站，炸死200余人，伤者不计其数。同年10月，谢晋元团长率领第1营的"八百壮士"，在四行仓库奋勇杀敌，打退日军数十次疯狂进攻。

林元培记得，在莆田乡下老家，有两件事情给他留下特别深刻的印象。其一是，离家不远的地方，"有个庙"，那是个公共场所，小孩子们经常到那里去玩。有一天，林元培看见庙里有个小女孩，坐在地下嚎啕大哭，非常伤心的样子。庙门口站着一个妇女，看到小女孩哭得厉害，就转回身去抱了抱她。可是，最终这位妇女还是放下小女孩，一步三回头地离开了。他后来才知道，这位妇女是小女孩的娘，由于家里实在养不活小孩，就将小女孩送到庙里，求好心"菩萨"能够多口饭，喂给她吃。那个悲惨的景象令林元培终生难忘。

直到20世纪60年代，林元培再次回到老家，归葬父亲的骨灰盒，向邻居打听过这件往事，乡亲们告诉他，这个地方不是庙，是个尼姑庵，那个小女孩就在庵里长大，一直到成人后，出嫁了。

另一件事情，莆田乡下，时常会有"各种"扛枪的部队经过，林元培在当地小学读书时，曾经有"部队上的人"来教唱歌，歌曲是《在太行山上》。虽然福建乡下的孩子们根本不知道太行山在哪里，但知道唱这个歌，就是打日本鬼子的意思。

今天的史料这样讲述当年的局面：闽东特委在中共中央发布《八一宣言》后，迅速调整政策，枪口一致对外，集中力量开展抗日统一战线活动。全民族抗日战争爆发后，1937年9月，中共闽东特委与国民党福建地方当局达成了停止内战、共同抗日的协议。

在老家的日子里，林元培的父亲曾对他讲了这样的一句话：家门前面的山，叫壶公山，风景很好；在自家老屋的后山顶上，有一块大石头。在多少年后，林元培才真正明白了父亲这句话的含义。

乡中志忑岁月，年年难过年年过，血雨腥风中的中国，终于迎来云开日出的一天。1945年8月，日本宣布无条件投降。同年9月2日，日本政府代表在投降书上签字，中国政府代表在日本投降书上签字确认，"这意味着中国的抗日战争取得了胜利"。

抗战胜利，林元培父亲再次萌生了回上海的念头。这与莆田人血脉里的传统有关，莆田人不怕离土离乡，到外地甚至外国去打拼也是从来"不怕的"，因此今天莆田的侨民也就很多。只是，第二次回到上海的父亲，生意还是做得不好，亏了本，最终不得不停止经营。

不久后，年未老的父亲生病了，是老胃病，不是一天两天就能治好的。

少年时代，返回上海的林元培，进入了附近的敬业中学读书。他住在南市老地方，隔条马路就是黄浦江。虽然几乎天天见到黄浦江，但就是"始终没印象"。

林元培回忆道：我知道那是黄浦江，也知道黄浦江对面是浦东；浦东就是乡下，去是肯定去过的，也就是去乡下玩吧。那个时候，不知道将来的自己会跟黄浦江发生什么关联，根本就没有想到过。

第|二|章

遵嘱转学市政工程专业，踏进
"不满百人的上海给水排水设计院"

20 世纪四五十年代新旧上海交替之际，正是一个战和相衔、前途或暗又或明的艰辛年代。在福建莆田老家，林元培上了几年小学，随后回到上海继续读书，在家附近的敬业中学上高中。

林元培自小喜欢数学，他对数学公式有一种"崇拜感"，觉得非常有趣，从来没有感到过枯燥。在这个苍茫的天穹之下，多的是各种各样的"少年维特烦恼"，而对数学不感烦恼的人，似是极少数。也许，是从小时候起，林元培所看在眼里的，就是父亲作为账房先生整天拨打算盘的身影。这也许就是林家分量最重，占据时间最多的"学习活动"。算盘珠拨来拨去，若是收支相抵、略有盈余，便会给这个家带来笑声；但更多时候，带来的是这个家的叹息。那一颗颗算盘珠，代表了一个个充满了喜怒哀乐的数字，给幼年林元培做了知识的启蒙，也做了性格的启蒙：无声无息的算盘珠一旦被拨动起来，就会噼噼啪啪地出现一个结果，而且一定要准确无误。

回到上海的林元培，在附近中学上学，有一次在几何课上，老师讲到了古希腊勾股定理，林元培对此感到非常新鲜。林元培被数学家的伟大所震撼。放学回家后，他决定自行验证这个定理。找了一根母亲缝衣服的棉纱，自己拉着线的这一头，让母亲拉着线的另外一头；母亲举着线够不着门框，不得不踩在椅子上，林元培还提醒母亲不要摔下来。沿着门框量好两个直角边，再测量斜边，林元培按照公式"算了算"，结果完全正确。古希腊人就是这么算出来的，并确认这是个"定理"，全世界的直角三角形，根据这个公式算出来结果都是一样的。

林元培的年龄稍大以后，知道了是希腊数学家毕达哥拉斯证明了勾股定理，但其实中国古代的《周髀算经》早已提到过类似的概念。尽管希腊人中国人互不相识，他们却得到了同样的结论，只是时间上有所先后。这种跨越文化和时间的伟大发现，逐渐增强了林元培研读数学的向往和追求。

一天，林元培的一个同学给他出了一道数学题，林元培一开始没做出来，但到了中午时候终于解出答案，他感到自己非常开心和很得意，天真地觉得，"自己也可以像希腊数学家毕达哥拉斯一样了"。那时候，敬业中学的对面有座文庙，里面有个很小的图书馆，林元培经常去那里找数学的书来看，找题目做。他发现，"做数学题目的乐趣远比打乒乓球多得多"。

在这样"刷题"的过程中，林元培体会到，不仅要把题目做出来，还要找出最"清爽"的解答方法，也就是既正确又简洁的解法。简单最难，在后来的工作中，林元培越来越体会到这个道理。

在自学微积分的日子里，林元培感叹"眼睛一亮"，觉得非常有趣，进而"钻"进了"解常微分方程、偏微分方程"；后来又接触到变分法，读懂了"能够证明两点之间最短的曲线是直线"，竟然也是一条公理，如是的"曲径通幽"更加增添了林元培对数学的心向神往。

对于数学，哲人有这样的感言：数学是人类思维的结晶，那么纯粹，那么激动人心，智力带来纯粹之美；数学是一项伟大的人类精神事业。纯粹的求学时代，对于数学的深入钻研和递进思考，使得林元培逐渐"铸成"了日后工作的求新思路与求解方法。

然而，天有不测风云，人有旦夕祸福，林元培父亲的病情逐日加重。家境贫困，妻子持家，子女五人，父亲告诉林元培，你是长子，以后这个家庭的责任，你得担起来，你得养家了。父亲问他是想继续读书，还是想"早点踏上社会工作"。林元培当然想继续上学读书，但懂事的他还是义无反顾地答应了父亲，决定尽早到社会上去工作。

父亲对林元培的问话，也是到了实在没有办法的地步。在这个家里，母亲是家庭妇女，不认字，还有四个弟妹需要照顾，养家糊口的事情，只能依靠大儿子了。林元培当时的心中，不禁想起在莆田乡下的那个"庙"，那位被母亲抛弃的小女孩坐在地下，母亲一步三回头，女孩嚎啕大哭的场景。林元培意识到，自己如果继续到敬业中学读书，家里负担不起，自己的小弟弟可能就会像那个小女孩一样，被送到外面的"庙里"去。这个念头深深地刺痛了林元培的心。这个家庭，大儿子不承担，又由谁来承担？林元培毫不犹豫地答应了父亲，决定早早进入社会工作。

在多年后的一篇新闻报道里，有这样的文字：林元培年少时的理想是成为一名数学家，高中时期，他数学思维和学习能力异常优秀；作为家里的长子，出于减轻家庭经济负担的考虑，他选择早日工作。林家窘迫的寒门生活，林元培当年凄冷的心情，就如是地被这一笔简略文字，轻轻带过。这故事的底色，实际是一个平民家庭，两代人含泪滴血的挣扎历程。

父子两人商量的结果，是林元培从敬业中学"转学"到上海市土木工程学校改读市政工程专业，"转学方便，三年读出来，毕业就能安排工作"。

林元培来到上海市土木工程学校，学习市政工程专业。那时，老师们没有明确的教学大纲，偶尔会请外面社会上的工程师来讲课，有的内容听得懂，有的听不懂。由于林元培数学基础比较好，他在遇到听不懂的内容时，会自己回家再看看书。他对市政工程的初步概念，就是在这里打下的基础。

林元培始终记得父亲病重时对他的教诲：人穷志不穷，给你一座银行，吃得光用得光，有千有万，不如"一个人薄技在身"。

老辈人凭借切身的谋生体验，悟出了洞若观火的"先见之明"，他否定了自己曾经从事"低进高出"的经商之路，明示后人不可重蹈覆辙，为长久计，只求"薄技在身"，养家糊口，就足矣。

1954年，即国家第一个五年计划开始的第二年，"是一个具有历史转折意义的重要时期"。这一年的11月25日，建筑工程部城市建设局上海给水排水设计院〔上海市政工程设计研究总院（集团）有限公司前身，以下简称上海给水排水设计院〕正式成立。当年年末，18岁的林元培作为土木工程学校的第一批毕业生，被分配到上海给水排水设计院。这样的历史记载涵盖了两个重要的"第一"：上海土木工程学校的第一批毕业生，也是上海给水排水设计院接收的第一批新职工。

1954 年的上海给水排水设计院，工作人员不足 100 人，分为给水组、排水组、道路组和概算组共四个组，那时还没有桥梁组，林元培被分配到了道路组。

1955 年，林元培踏入上海给水排水设计院的第二年，林父溘然长逝。踏破俗世繁复，穿越战争烽烟，林元培的父亲两度涉水踏入上海。路途的两端，一头是不能忘怀的福建故乡，另一头是寄托着"富裕"愿望的沪上"异地"。挈妇将雏鬓有丝，忍将他乡做故乡，只是天不假年，未能如愿，老人家独自先走了。这几乎是上海开埠以来，所有怀揣"淘金"蓝图或打工梦想的人们，披星戴月、奋力打拼，而最终舍妻别子而去的缩影。

父亲对林元培作了"后事交代"：年轻的时候，在老家做饭，都是要烧柴火的，经常去老家的后山上砍树枝，再挑下山来，在空地上晒干，那样就可以当柴火做饭了。"那里风景好，那地方有个显著的标志，有块很大很大的石头，你要把我葬回莆田老家，就葬在老家后山的山顶上"。

父亲这一份"叶落归根"的心愿，林元培时刻牢记在心，只是真正实现，则是在十多年后了。

父亲过世后，以前做生意熟识的亲戚朋友也就不大来往了，渐渐地门前车马冷落，在这样的环境里，这个家逐渐形成了一种门庭寂寞的氛围。这份寂寞也带来了一个"好处"，就是让林元培可以很安静地去做感兴趣的事——学习数学。要是说到有变化，以往对数学的兴趣源于它的有趣，现在则带有一种解闷性质，也就是用数学来平息内心的焦虑和不安。

林元培踏进上海给水排水设计院的大门，开启了他的专业生涯，再没有离开一步。

1957 年 1 月 7 日，建筑工程部城市建设局上海给水排水设计院改名为"上海市市政工程设计院"，隶属关系由中央划归地方，隶属上海市人民委员会，员工由原城市建设部给水排水设计院上海分院、上海市市政工程局和上海市自来水公司等单位技术人员组成。之后隶属关系多有变更，直至1985年3月29日，经中共上海市建设党委批准，隶属关系归上海市建设委员会直接领导。1987年1月经中共上海市委批准，上海市政工程设计院为副局级单位。2005年12月，更名为"上海市政工程设计研究总院"。2010年9月，中共上海市委明确与上海建工集团总公司联合重组，同年10月，改制为"上海市政工程设计研究总院（集团）有限公司（以下简称上海市政总院）"。

今天的上海市政总院现有员工5960余人，7位全国工程勘察设计大师，43位享受国务院政府特殊津贴，245位正高级职称专家；建有院士工作室、大师工作室和博士后工作站。

上海市政总院介绍文字里的"拥有1位中国工程院院士"，就是林元培；现在他在上海市政总院的终身职务，是资深总工程师。

第三章

十九岁接受第一个国家级任务，
设计洛阳拖拉机厂区道路桥

十九岁的林元培，职业生涯接受的第一个任务，就是国家级别的项目。

1955年，是林元培来到上海给水排水设计院的第二年，他所接受的第一个任务，是为洛阳拖拉机厂，即当时的"中国第一拖拉机制造厂"的厂区，"做桥梁"。那时的林元培刚刚踏上工作岗位，单位里还没有道桥室，也根本没有做过桥梁。从材料上看，洛阳拖拉机厂的厂区要求"做桥梁"的位置，也就是在一些小河上，搭建小型的水泥道路桥。

新中国成立后，百废待举，万业待兴。民以食为天，中央人民政府的第一要务，就是要让老百姓能够吃上一口安稳饭。做饭，需要稻米；要米，就要种地；种地，要用机器。新生人民政权的财力非常有限，国库资金严重匮乏，但即便在这样极端困难的条件下，中央人民政府还是咬紧牙关拿出4亿多元，从国外进口了2.8万台拖拉机，首先供给东北等地的国营农场使用。然而，对于当时新中国80多万个村庄的需求，这些拖拉机无异于杯水车薪。

当年的毛泽东说了句直面现实的话："现在我们能造什么？能造桌子椅子，能造茶碗茶壶，能种粮食，还能磨成面粉，还能造纸，但是一辆汽车、一架飞机、一辆坦克、一辆拖拉机都不能造。"

满足人民的物质需求，加快经济建设的步伐，从来都是促进社会生产的根本原动力。20世纪50年代初，国家制定国民经济发展的第一个五年计划，其中包括了规划并决定借助苏联的援助，筹备我国第一拖拉机制造厂（以下简称一拖）的设计和建设。1953年2月，第一机械工业部（以下简称一机部）汽车工业管理局成立筹备处，为保密的需要，一拖筹备处的对外代号为"081筹备处"。出于中国的农业机械化事业应首先在东北、华北和西北三个地区发展的考虑，相关部门初步选定哈尔滨、石家庄和西安三地，作为建设拖拉机工厂的可能地点。同年8月，党中央出于全国的工业布局和国防安全考虑，明确指示应在中原地区的河南省选择厂址。接着，中央派员来到河南省境内的郑州、洛阳、偃师、新安、陕县5个地方进行选址踏勘。

1953年12月，中央人民政府国家计划委员会（现为国家发展和改革委员会）副主席李富春到洛阳考察建厂条件。1954年2月20日，国家计划委员会以"计发字116号"电文，正式将中国第一个拖拉机制造厂的厂址，定在洛阳市的涧河西部地区。

1954年2月，国家组织专业队伍，对洛阳相应地区开展勘察设计工作，并进行地形测绘和地质钻探。同年10月4日，一拖筹备处在莫斯科与苏联正式签订《拖拉机厂初步设计审批议定书》。

在当年的新闻报道中，这样表述的：1954年上半年，根据当时建筑工程部的统一安排，从全国各地选调最精良的建设队伍，齐聚洛阳进行施工，建设大军高峰时多达2万多人，整个洛阳涧西都沸腾起来了，工地上人声鼎沸，热闹非凡。然而，对当年建设者遭遇到的环境困难，却鲜有详尽的描述。在几十年后"欣然回眸"的实录文本里，后来人终于可以读到当年的地域困境：当时的洛阳，仅有15万城市人口，市政建设十分落后；1954年秋天发大水，整个洛阳城浸泡在了大水里，一拖建设者们是划着木船走了二三十里路，渡过涧河方才来到建设工地的。

这一段文字记载的历史，阐述了一个俗世的常识：因为有河，所以需要划船；为了更加便捷，所以需要造桥。没有桥，路只是片段；没有桥，目的地永远在彼岸。"逢山开路，遇河搭桥"，这句话至少有一半是说给造桥人来听的；造桥人的心愿，就是跨越大江大河，也能够如履平地，安全、快捷，畅通无阻。

这是林元培第一次接受设计任务，但当年的他并没有到洛阳实地去，而是在上海的设计院里，根据一拖的具体要求，依样画葫芦"套做"的。当时道路组的主任是田沛，经会议决定安排林元培来设计这个水泥道路桥。田主任对他说：这座道路桥的设计很简单，直接使用苏联的标准图，套用相应的数据就可以了。一拖是苏联的援建项目，厂房和车间的选址、设备的购买和安装，都是由苏联专家来设计和主持的，厂区的道路建设也是由苏联专家来规划。因此，田主任的建议是按照苏联专家的道路规划，结合苏式标准图的计算数据进行设计。当时的苏式标准图都是经过精确计算的，需要多少米就套用相应长度的标准，比如9米的河宽，套用10米跨度的桥梁标准图来设计，那就肯定不会错，很安全。

20世纪50年代初期，从未接触过桥梁工程设计的林元培，就是这样从10米跨度开始，结下了与桥梁的一世缘分。尽管只是依样画葫芦的套用，但一拖的道路桥是国家级别的任务，也是他踏上工作岗位后的第一个作品，年轻的林元培对此倾注了全部心血。

1955年10月1日，在河南洛阳涧河水网交叉的西部，举行了隆重的中国第一拖拉机制造厂主厂房动工奠基典礼大会，洛阳市各界7万多人参加大会，河南省和一机部领导共同"铲土填坑"，埋设奠基纪念牌，标志着一拖全面迅速地进入了第一期的工程建设。

洛阳中国第一拖拉机制造厂的建造，得到了全国各地的支持，据当年媒体报道："中国第一拖拉机制造厂建厂的消息，很快就随新华社的电波传遍了祖国的大江南北，各种支援物资源源不断地从四面八方运来：黑龙江桦川县的村庄农民把节省下来的一千多斤大米，千里迢迢送到工地；河南南阳地区群众把28吨木炭，一捆一捆地从山上背下来，送到工地以解燃眉之急；江苏徐州地区无偿送来了一万多吨耐火土和大量砖石块；全国成千上万的"红领巾"把捡拾废物换来的零钱寄到工厂……"

在洛阳拖拉机厂的厂史介绍中，有这样的描绘：伟大的建设者如春风一般，给沉寂的古都带来了无限的朝气；至1956年底，3万多平方米的辅助工场基本建成，机修车间、工具车间等厂房都已封顶，厂区已初具规模。所需的各式机床，也陆续从厂编组站运到各车间。

这里的"3万多平方米的辅助工场基本建成"，其包含的内容之一，就是当年由苏联专家组规划的一拖厂区道路桥设计，由上海的林元培圆满完成，并如期完成桥梁施工，实现了正常通行。全方位的建桥通车，是"各式机床"等大型设备精准到位的必需条件。

当年的一拖，专门组织工程师编写了一本名为《ДТ—54拖拉机》的教材，用于介绍该拖拉机各部件的性能用途，及驾驶、修理和维护保养等知识。此书出版不久后的1958年3月16日，毛主席对一拖即将生产的拖拉机作出重要指示："拖拉机型号名称不可用洋字。"由此，在中国土地上制造出来的第一台拖拉机，名字被命名为"东方红"。1958年7月20日，第一台手工试制的东方红——54型履带拖拉机出厂。

1959年10月12日，国务院总理周恩来视察一拖，在当年记者的笔下，东方红拖拉机被骄傲地誉为中国机械工业的"航空母舰"：周恩来总理看到中国人建造起的这艘"航空母舰"，亲切而又语重心长地对工人师傅们说：要记着，你们是中国的第一啊！要出中国第一的产品，出中国第一的人才，创造中国第一的业绩！

1959年11月1日，在厂区大门前的广场上，举行了中国第一拖拉机制造厂的落成典礼大会，中国农机工业实现"零"的突破，从此进入了一个从无到有的新阶段。1960年，中国人民银行发行新版一元人民币，图为一位女拖拉机手开着拖拉机的照片，她开的就是一拖生产的拖拉机。

林元培这样评述自己完成的第一项"国家工程"：苏联的标准图是经过千锤百炼被广泛使用过很多年的，根据那样的数据进行设计，桥梁的结构安全和经济性都没有问题，这样一做就做了好几年。为洛阳拖拉机厂设计道路桥，是我职业生涯的第一步。

对于设计洛阳拖拉机厂道路桥的工作收获，林元培说道："因为那几年的工作，我对苏式标准图的图纸，已经非常熟悉了，图中桥梁的一些细部构造，也都已经成竹在胸。桥梁上很多的细部构造，光依靠纸面运算是'算不清爽'的，需要积累工作实践的经验，从而对日后桥梁的设计，作出正确的判断。对于细部的错误，一旦发生也会导致整个设计失败，所以经过实践检验后的经验积累，是非常关键和宝贵的。我后来当了总工程师，凭借这一阶段工作的相应经验积累，解决了好多具体问题，比如我的审图速度很快，心中有数，很多细节可以立下判断，很少会犹豫不决。"

第｜四｜章

第一次实地参与"军工项目"
柳江大桥设计，第一次发表土木工程论文

20 世纪 60 年代初，刘作霖是上海市市政工程设计院的副总工程师，负责桥梁设计的工作。刘作霖是对林元培人生影响最大的人之一。1963 年，在刘总带领下，林元培来到广西柳州，实地参与了柳江大桥的设计。

柳江大桥命运多舛。1942 年 1 月，当时的柳州市政建设委员会成立桥工处，筹办建桥事宜，对全市所有城基公地进行标卖筹款，并雇请了广西的桥梁勘探队进行测量，但在当年国内错综复杂的战时形势下，相关民生的建桥事务"因疾而终"。旧时代幡然而过，柳州市人民政府在 1958 年发出号召，为筹建柳江大桥开展捐款等社会赞助活动，共筹得捐款人民币 200 多万元。随后，柳州市成立柳江大桥筹建处，按连续钢桁架结构桥型方案施工，第二年，因需 3700 吨大型进口钢材无法解决而停摆。

后来的 5 年时间里，柳州有关单位又设计了几个桥型方案，因江中桥墩地质情况较差等缘故均未能采用。20 世纪 60 年代初，当地有关部门请苏联专家来柳江实地踏勘，专家的回答是：你们要在柳江上建大桥，必须请波兰的地质专家、匈牙利的悬索专家来主持设计。一言以蔽之，你们中国人不行。广西柳州建桥一事就此多年搁置。

将建设柳江大桥摆上议事日程，且刻不容缓的原因，是当时的邻国越南遭遇美国入侵，中国给予各种支援的迫切需求。1961 年 5 月，美国展开了由其出枪、出钱、出顾问，南越出人的"特种战争"，旨在通过越南人对抗越南人方式，阻止南北统一的进程。在严峻的边境形势下，应越方的请求，中国政府迅速采取行动，向越南提供了大批武器装备和粮食、被服等物资；此外，中方决定，在必要时刻，中方将派出高炮、工程、铁道、扫雷、后勤等部队，前往越南北方执行防空、作战、筑路、构筑国防工程、扫雷及后勤保障等任务。

为迅速、大批量地运送中国的支援物资，更为了为"日后"中国部队赴越参与各项战争任务做好准备，必须加快建设柳江大桥。这是中央的最高决策，从项目性质上讲，这是一项刻不容缓的军事工程。

刘作霖曾经在美国读书，也在那里工作过，后来回到上海老家，在上海市市政工程设计院担任副总，负责桥梁设计工作。就在边境形势紧张的那一年，刘总赴北京开会，讨论的中心议题是在柳州建造 T 形刚构梁式桥。当时，中国的各类军事物资要迅速运抵越南前线，但柳江上只有用船做的浮桥，不堪重负且非常危险。柳江地形复杂，水深且流急，传统的搭设支架的建桥方式无法适用，因为即便搭设了支架也很可能会被洪水冲走。在这种情况下，唯一可行的方法是采用悬臂式施工。然而，这种方法当时只有德国能做。当年，苏联专家在撤走前曾建议中国去请教德国专家，但由于当时中国与联邦德国没有外交关系，这一建议无法落实。如果请其他欧洲国家的专家介入，技术和沟通上的障碍也让此方案难以实施。

刘作霖曾经阅读过一篇国外发表的文章，内容提到德国采用悬臂方式建桥的案例，文章涉及两个方面，一是这也是德国的第一次悬臂施工；二是桥面板是用四阶微分方程算出来的。然而，文章仅此而已，并没有具体的技术内容介绍。当时在北京的会议上，当上级要求落实柳江大桥的设计任务时，出席会议的各地同行没有人出来表态，这时，刘作霖挺身而出，说了一句大胆的话：那我们上海就来试试看。这一句"试试看"，展现了刘作霖的担当精神，以及对自己技术能力的充分信心。

建造柳江大桥，是国家任务，也是技术实践的一次机遇，这座 120 米跨度的桥梁，在当时是国内的第一跨度。尽管上海市市政工程设计院此前设计的桥梁，都是类似苏州河上的小桥，没有做过百米大桥的建筑设计，缺乏相关经验，但刘作霖依然勇敢迎接挑战，带领团队承担起这份国家责任，这不仅是为国分忧，更是一次勇敢的技术创新，尽管风险巨大，但上海设计团队在刘作霖的带领下，决定共同承担和化解这个风险。

北京相关部门将设计柳江大桥的任务，交付给了上海市市政工程设计院。院内成立专门设计小组，赶赴柳州现场。副总设计师刘作霖

第四章

五十多年前为柳江大桥推导公式

负责研究悬臂施工工艺，设计小组成员林元培负责具体计算工作。柳江大桥采用混凝土制作，实施悬臂施工，由于重力的原因，前方梁端会产生一定程度的下挠，在施工过程中需要将梁端抬高，具体的抬高数值必须予以准确计算。身处实地的林元培，对用于制作桥梁部件的混凝土、石材等建筑材料，不断地进行试验，以确定混凝土的徐变系数，从而决定混凝土强度等级以及原料产地，最终计算出精确的数据，判断出梁端须"抬高14厘米"。

1964年12月，国家计划委员会、建筑工程部批复同意"柳江大桥修建120米跨度预应力混凝土T形悬臂加吊梁的桥型方案"。然而，时局动荡，柳江大桥设计方案被批判"是捡了洋人的拐棍"，设计人是"洋人的第十二代孝子贤孙"，甚至有人提出建柳江大桥要"改为双曲拱桥，把桥宽从20米改为15米就够了"。就此，柳江大桥停工26天。直到1966年8月4日，传来了南宁一座双曲拱桥垮塌、死伤30多人的消息，争议就此平息。一个月后，大桥建设指挥部改由军代表任总指挥，重新启动工程建设。

作为柳州市区内的第一座跨江公路大桥，柳江大桥于1968年10月竣工。柳江大桥主跨度124米，是中国采用悬臂浇筑法建成的第一座预应力混凝土 T 形刚构梁式桥。柳江大桥设计方案是当时中国第一、世界第十三的先进方案，大桥的建成结束了柳州以浮桥为交通桥的历史，为当时的军事需求解了燃眉之急，也为柳州及周边地区的经济发展作出了巨大贡献，柳江大桥的设计与建造成功，荣获 1978 年全国科学大会奖。

柳江大桥于 1968 年 12 月 26 日通车，至今已超过 50 年，经过时间的检验，桥面线型依然平顺，实践证明刘作霖的设计方案是成功的，林元培的计算也是正确的。

柳江大桥设计建造成功之后，刘作霖充满豪情壮志地提出：我们不但要在柳州造桥，还要在上海黄浦江上造桥。那时候的设计组对在黄浦江上造桥的热情都非常高。但是，当年的上海市政府没有此规划，且涉及资金等一系列具体事项，没那么容易，所以"一直没有这个机遇"。即便当年未能如愿，但刘作霖是第一次提出要到黄浦江上造大桥的人。

在学术研究领域，林元培同时完成了自己的第一次"求索"。随着形势的发展，上海市市政工程设计院设置了土工室，专门从事对钻探土样进行力学性能试验工作，林元培与另一位同事被派去学习。当年土工室主任对他们说：学习土工专业，要打好基本功，要读两本书，一本是铁摩辛柯的《弹性力学》，另外一本是索科洛夫斯基的《散体力学》。林元培凭借扎实的数学基础，觉得读懂这两本书"并不困难"。

土工室的日常工作，主要有两个方面，一方面是计算基础沉降，另一方面是写实验报告。在工作过程中，林元培发现，已有课本上的沉降计算方法"似有问题"：以往的计算方式均不考虑地表分层，计算土体沉降采用的是同一种弹性模量，这显然是一种过于简单的计算方式和结论，应用于实际的工程设计和施工"都不准确"。就地质情况而言，任何土体都是有层次的，理应分层计算。年轻的林元培带着疑问，去请教土工室主任，主任给予他的回答是：这是传统方法，上

1968 年建成柳江大桥

40 年后与夫人重访柳江大桥

一辈人都是这么算的，我们也都是这么做的，你现在继续照这么做就行了。尽管如此，土工室主任也提示了这么一句话：如果你想推翻这种不分层的计算方法，可以，但是说空话没用，你要拿出你的方案，交权威部门审定。

现"对数学非常有兴趣"，且力图求出正确答案的林元培，根据设想写了一篇文章，投给了相关的专业杂志社。但稿件被杂志社退回，退稿理由写得很清晰：你的方法跟过去的不一样，但是你并没有数据作为支持，故无法明确区别程度，"希望你继续努力"。

也许，在林元培之前就有人意识到地质土体分层这个客观现实，只是囿于各种原因，未在专业刊物上对此进行公开质询。林元培提出了问题，但是没有充分的实践数据来予以证明，对自己的首次投稿失败，他作了概括：理论脱离实际是一场空。

后来在一个项目设计中，需要对预制的铰接板梁做标准图，这种梁重量不大，容易吊装，施工方便，且苏联方有标准图。但林元培不愿再依样画葫芦，决定根据项目的具体要求，用准确的方法进行计算，做出最符合项目实际情况的设计，即对标准图进行"改造"。那时的林元培通过计算，推导出了另外一个公式，达到了"准确计算"的要求。听闻此事，当时的主任工程师张迺华鼓励他写文章投稿。这是林元培的第二次投稿，文章投到了《土木工程学报》并被编辑部采纳，刊登出来，论文题目为《装配式横向铰梁式桥板横向分布系数的计算》。由于篇幅较长，分为上下两期予以刊登。

稿件作者署名，第一作者是业内"大家根本没听说过"的林元培，而"在造桥界已经很有名气"的张迺华，作为第二作者，署名排在了林元培的后面。业界人士纷纷猜测，这个名不见经传且一鸣惊人的林元培，是"何方高手"。之后，林元培又一篇论文发表，文中利用变分原理推导出了悬臂梁桥的计算方法，把传统计算方法中的直线分布修正为曲线分布。在国内日后的学术会议上，专家对这种计算方法予以肯定，并进行了介绍和推广。

这是 1964 年，那一年的林元培还不满 30 岁。

第|五|章

第一次单独外派到山东德州，
"胆子在实践中一点点大起来"

在林元培的工作历程上，主持设计过的工程项目数不胜数，其中被特意提起的，是几十年前为津浦线设计山东的德州地道桥。这是他第一次被单独外派至外地工作，也是他第一次独立做设计。在当时的"文化大革命"背景下，院领导"走资派"和总工"臭老九"都已被边缘化，但上边交办的工作还是要有人来做，于是仅指派专人负责设计工作。自 20 世纪 50 年代初期进入上海给水排水设计院以来，林元培已积累了十余年的工作经验，因此，他被选派前往山东德州。

离开上海的时候，什么是"铁路地道桥"，林元培并不知道。

德州是现今京沪线山东境内的重要一站，在 20 世纪初曾是津浦铁路（Tientsin-Pukow Railway）的山东站点。津浦铁路是一条由天津通往南京浦口的铁路干线，也是清政府时期借款建成最长的一条铁路，自 1908 年开工，历时 4 年，曾被誉为中国铁路"最为华彩的篇章"。津浦铁路全长 1009.48 千米，北接京津线可达北平，南下途中抵徐州，与横向的陇海铁路交会，再到长江北岸的江苏浦口。但再"华彩"的津浦线，到了浦口，面对长江彼岸的南京却只能兴叹。1930 年 10 月，国民政府铁道部成立"下关浦口铁路轮渡设计专门委员会"，1933 年 10 月南京火车轮渡正式通航，列车在浦口被拆解，装上轮渡，过江后在南京下关站重新组装，衔接沪宁线继续南行，直至上海。

津浦线不仅是中国近现代铁路交通的南北干线，更是连通往中西部走廊的快速通道。

1949 年初，浦口火车轮渡运力为每日 20 渡，1958 年，铁道部将运力提高到每日 100 渡，轮渡的渡运能力趋于饱和，长江天堑成为京沪铁路的严重瓶颈。国务院在第一个五年计划中，提出修建南京长江大桥的建设计划。1958 年 9 月，国务院批准成立"南京长江大桥建设委员会"。1960 年 1 月，主体工程正桥桥墩开工，宣布南京长江大桥建设全面启动。

1967 年 8 月，正桥钢梁在 4 号桥墩合龙。南京军区司令员许世友调来百辆坦克同时开过桥面，以检验大桥质量。与此同时，为配合南京长江大桥工程，长江两岸的铁道线路都在进行新的配套建设，林元培被派到山东德州的时候，"铁老大已经把铁路造好了"。

这个铁路路基就是高起来的"一个坎"，两侧车辆难以逾越。为满足地方上要通汽车需求，德州市政府决定"挖洞造桥"。据当地城建部门介绍：地道桥这种结构，是在铁路路基下方挖个"洞"，"洞"内供汽车通行，"洞"上供铁路通行。地道桥需兼具两种功能：既要承受上面火车来回通过产生的巨大冲击力，又要确保"洞"的牢固性，以保障两侧汽车的安全畅通。

对于当年工程施工的具体方法，采用的是人工挖掘的方式。随后，浇筑挡土墙，支好千斤顶，工人挖到哪里，千斤顶随之顶到哪里；如此反复作业，循环向前推进，直至"破洞而出"。针对这一工程，林元培采用了一个"比较保险的数字"作为设计参数，做到了上面的火车冲过来、压上去，像"壳"一样的上层结构不变形，也压不坏。然而，在具体施工中又遇到新的问题：随着下方的千斤顶向前推，会带动"壳"上面的铁轨一起向前"移位"，因此铁路轨道还需利用"另外一个力"，将铁轨朝开挖方向"往回拉"。下边向前顶上面往回拉，才能保证铁轨始终保持在原有的一条线上，火车才不会脱轨。

德州地道桥最终成功建成。1968 年，南京长江大桥正式通车，津浦铁路成为这条黄金通道的中段，北接京津铁路，南连沪宁铁路，中国最繁忙的京沪干线就此问世。如今，林元培每次坐火车到北京去，途经这座他曾参与建造的桥梁时，心里总有不一样的感觉，"想想当初，自己就是那样冲过去的"。

完成山东德州地道桥的设计和施工后，林元培返回上海，向单位简单汇报了几句，便算完成了交差。

随后，院里安排林元培去农村，"出出主意画画图，参加建造双曲拱桥的群众运动"。20 世纪 60 年代初期，江苏省无锡县（1983 年划为无锡市管辖）建桥职工创造性地发明了一种新型拱桥，桥的主拱圈由拱肋、拱波、拱板、横向联系构件等部分组成，外形在纵横两个方向均成弧形曲线，因此被称为双曲拱桥。

双曲拱桥的发明，其缘由颇为朴素——小河浜很多，为方便过河，老百姓自己动手，"弄弄就成功了"。双曲拱桥纵向有个大拱，横向还有小拱，"双曲拱"因而得名。此类桥规模虽小，结构也不复杂，但从力学角度讲，其受力没有问题。鉴于聘请外部正规施工队开销大，很多农村选择自行组织召集村内或附近熟悉的木匠、泥水匠，木匠搭好拱肋，架好小拱波，随后浇筑混凝土铺设桥面板，就算大功告成，成本大为节省。

受限于当时农村的经济能力，双曲拱桥虽较简陋，但也算实用。然而，当此造桥活动被冠以"群众运动"之名后，情况趋于复杂。极左思潮认为，造桥是"用不着计算的"，任何"计算"行为均被视为执行资产阶级路线，对工农兵的态度不端，"要批判"。

但是，大批判不能解决实际问题，双曲拱桥构造简单，但还是会出现各种质量问题，虽垮塌较少，但裂缝很多。经过实地调查，林元培发现很多双曲拱桥产生裂缝，裂缝一大，人不敢走，牛更不敢走了，牛腿插到裂缝里，断掉了，怎么办？牛出毛病，在当年乡下是很大的事情。

林元培查询资料，发现裂缝成因主要与桥的地基有关。在坚硬地基上建造的桥梁表现良好，而软土地基则易出现问题。当地农民自建桥梁时，对于地质情况的重视程度不一，对地基土不作区分。林元培依托上海市市政工程设计院的土工室，知道什么颜色的土是硬的，什么颜色的土是软的。他每到一个地方，首先观察农民挖出来的土的颜色，"根据地质情况再来做设计"。

那时候没有电子计算机。林元培便在临时住的屋子里，用传统"正规方法"进行计算和设计。比如说，"$L+35$"，即跨度 70 米加 35 米就是 105 米，据此确定拱厚。这些计算对他来说是很简单的，次日清晨，他便携设计图纸，向农民们详述工程要点步骤。林元培不曾提及"昨晚上我算过了"，但是，只有经过自己计算，他才放心。林元培说：在那个年代，知识分子被冠以"臭老九"之名被打压，拒绝科学计算，但一旦出现了问题，却又转而要求"臭老九"来负责；那个年代很荒唐的。

林元培在上海市奉贤区、浙江省桐乡市的"点上"建造双曲拱桥，出图快，效果好，做出来的桥都没有问题；鉴于当地农民对图纸的理解能力有限，便很欢迎他住在那里，经常邀请他到现场进行解说。

当年林元培设计的上海最大的双曲拱桥，是上海的朱枫公路三号桥。朱枫公路是朱家角到枫泾的"一条线"，三号桥是"线上"的最后一座桥，桥梁设计跨度达到 72 米。为避免撞船事故，三号桥不能采用在河中央打桩，再两头摆梁的建造方式。在这之前，上海只做过跨度 60 米的双曲拱桥，方法是先做好拱圈，下面"落架"，最后在上面做结构；林元培曾经去了"60 米拱桥的现场"，"拱圈落架的时候，旁边看的人都是心惊肉跳的"。

当年设计跨度 72 米的双曲拱桥时，林元培最大的担心是拱桥的稳定性问题。他将双曲拱桥的拱肋设计为桁架式，桁架式有两个优点：其一，桥上要走汽车，桁架能将汽车的重量分散到拱圈上；其二，且更重要的是，拱肋落架不会失稳。林元培当时深感自信，认为此方案稳妥可靠，迄今这座桥通车顺畅。

林元培在多年后的卢浦大桥设计中，之所以敢于提出拱桥方案，与当年做过这样一座双曲拱桥的经验与底气有关。他说：我在施工实践中做过试验，有经历、有经验，我便敢于再次尝试；过往建造小桥的成功经验，无一不是为后续更大桥梁建设奠定了坚实基础，"人的胆子从哪里来？就是从实践当中来的，胆子是一点一点大起来的"。

第|六|章

"第二个寂寞时段",坚持研读相对论;
回乡葬父,叶落归根

在林元培的记忆里，第一个"寂寞时段"是在20世纪50年代初，操劳一生的父亲逝世之后的那段"门庭冷落"的日子。林元培的第二个"寂寞时段"，首先是"政治运动时期"；其次指的是工作状态，"工程问题解决了，就会出来很多空余时间，但是你又不能离开工地"。

纵然无奈，但也终须有个消解的办法。为消解寂寞，林元培应对的老办法，还是继续研读"有趣的数学"。数学让林元培浮躁的心"慢慢平静下来"，那一段岁月对其"一生极其重要"。

在以往学校就读和社会工作的路途上，林元培所接触的学习教材，都是传统设计的惯性"范本"，"都是牛顿力学原理"，等等；而在第二个"寂寞时段"，林元培通过翻读名人传记，"遇见"了爱因斯坦，读到了这位世界级科学大家的狭义相对论。爱因斯坦关于狭义相对论的文章，由数学公式和基本概念组成，林元培感到"里面的数学问题，读起来不困难，很快就看懂了，数学阻挡不了我"，剩下的事情，"主要就是要读懂概念"。

当时的林元培，感叹于爱因斯坦的伟大，某种程度上源于早在1905年，爱因斯坦就发表了他关于狭义相对论的第一篇文章。林元培学习狭义相对论，主要是推敲它的概念。每一个理论都是先有概念再有公式，牛顿认为时间和空间是各自独立的，因此按照这个理论，两个物体作相对运动，测出来的光速应该是不一样的，但实验结果却是一样的，牛顿没有解答这个疑问，而爱因斯坦却做出了新的逆向推断，时间和空间不是彼此独立的。更精彩的是，他进而推导出一个结论：能量等于质量乘以光速的平方，这个震惊世界的方程式，阐述了一个事实：每秒达30万千米的光速，包含着巨大的物理能量。这个原理及公式，成为原子弹的基本理论。也就是说，没有这个理论，就没有原子弹。

学习了爱因斯坦的狭义相对论，林元培对这位伟大科学家无比佩服：勾股定理提高了人对平面图形的认识，但那只属于纯数学层面的思考提升，而爱因斯坦的狭义相对论，直接推动原子弹的诞生，已经超出数学层面直接影响人类社会。相对论的发现，让人们意识到世界的变化；林元培进而联想到：这和做工程的道理是一样的，就是不断要有新的发现，并敢于判定新的理论，从而推导出新的设计公式；即，要有用，要能用。

被同学和同事们誉为"读书很快"的林元培，也有感到难读、难懂的时候：在推出狭义相对论之后，爱因斯坦还提出了"更高级"的、非常抽象的广义相对论。在广义相对论里，太阳质量很大，如果光从太阳旁边穿过去，光线并非直的，而是会弯曲。对于非专业的普通人，面对这样的结论语言，无异于读"天书"。而精于研读的林元培，则努力让自己的学习意识"跟着向上提升"，进入到一个崭新的领域：有一门数学叫黎曼几何学，跟以往的几何学完全不同，黎曼几何学没有图形，都是抽象概念跟抽象概念的互相联系，看起来都是些"很空的东西"，但这些很空的东西先后联系起来，就变成"很有用的东西"。

林元培从小喜欢读书，并且舍得花时间，不仅是读一本，还要结合其他的书，联系起来一起读。比如"非欧几何学"这门学科，上海的苏步青教授曾写过《现代微分几何学概论》，林元培从读不懂到读懂，需要先读懂这一段，再读下一段，内容上一段接着一段，彼此之间都有联系；读书人要读通读懂的，就是每一段内容之间是怎么产生联系的。只有当全部读完了，前后触类旁通，整本书的内容在脑子里构成"一盘棋"，思路才会开阔，想法才会活跃。

爱因斯坦的研究方法、工作方法，对日后林元培的思考路径、设计提升，起到了非常重要的指导作用。林元培认为，用相对论的观点来看土木工程的理论，就好像人站到了高山之巅，从最高处瞭望人间城郭，阡陌纵横，尽收眼底。"我们在工程设计中通常用的弹性力学、塑性力学都是独立的力学原理，但在实际生活中，任何物体都是既有弹性又有塑性，没有纯粹的弹性塑性之分。作为工程设计人员，我们也要敢于把这样的理论分离或合并起来。爱因斯坦就有这样的气魄将设想进行统一，其实我们也可以试一试，看能不能做个统一的事情出来。真能统一起来，那是不得了的事情"。

在第二个"寂寞时段"里，林元培把所有劳动之余的时间，都用来看书学习。在深夜，为不影响同屋其他人的休息，他会躲在被窝里，借助手电筒的灯光来看书。他每个月的工资，大部分作为家用，自己只留下很少的一部分，都用来买了书。只是，作为家庭的长子，这一时期的他，还必须要完成一件大事，那就是遵循父亲的遗愿，将父亲的骨灰"归葬故土"。

20世纪30年代初，刚刚二十余岁的父亲，不畏世道的艰辛来到上海谋生，多年的积劳成疾，让一个心力和体能都处于黄金期的壮年男子，就此耗尽了心血，患病不治而辞世，那年父亲才四十八岁。俗世匆忙，人事繁复，父亲离世已有十多年的时间，林元培决定，"归乡葬父"。

带着父亲的骨灰盒，林元培回到福建莆田乡下的老宅，在整理父亲遗物的时候，林元培拉开屋里的一个抽屉，里面竟然还留有父亲小时候写字的纸片，他回忆："看着这些字，心中顿时又是一阵阵的伤感，我那是一种什么样的心情啊。"

林元培记得，父亲跟自己说过的，山上那块大石头是很好找的。按照嘱托，他把父亲的骨灰葬在了家乡的这块土地上，埋在那块石头的旁边。那几天，林元培就睡在老屋里。

每天早晨起来，打开门窗，不远处的壶公山映入了林元培的眼帘，那里的风景真的很好。当时的林元培出差到过江西的庐山，见识过庐山山脚下的"桃花源"风景区，对陶渊明的诗句"采菊东篱下，悠然见南山"，有了一点实际的感受。现在，对着老家窗外的大山，还有窗下的小溪，听着水流冲击石头发出的声音，林元培的"感觉真好"。那年，他的年纪其实不大，但他已经想到，等自己以后退休了，也要回到莆田的乡下老家来，听着耳边的流水声，一边看看山、看看书，一边喝喝茶、下下棋。

在林元培的第二个"寂寞时段"里，他坚持读书，坚持思考，但他的学习与心绪似是悖违对立的。一方面，林元培思考自己如何依靠数学这个工具，尤其是在读懂、读通爱因斯坦相对论的基础上，站立在业界的"高山之巅，瞭望人间城郭"，进而做好本职的"土木工程设计"工作；另一方面，他又因种种不愿言表的原因，过早地想到了"退休"，回到老家的"桃花源"里，能够岁月静好，看山听水，读书喝茶。

如是相悖相违的学习与心绪，在那个动荡时期里，是中国所有正直的、想有所作为的、有良心的知识分子的通感。中国的先人早有这样的表述：古英雄未遇时，都无大志（袁枚《随园诗话》）；这是一句反话，英雄落寞，不是无志，都只是"未遇时"耳；一番身手无处存放，更遑论殿堂施展。

对着家门山上的大石头，林元培的心中非常感慨，老家是父亲的归葬之地，人生就是如此循环往复；只是，自己还要回到上海的家，去继续自己的生活。

坐在福建家乡老屋里的林元培，就是这样既进又退地思考自己今后的生活。然而，山重水复疑无路，柳暗花明又一村，中国新时期的历史性转折，以经济建设为中心的新时代即将到来。这个翻天覆地的时代，已经在前方等候着所有"有准备的人"，也等候着林元培。林元培的命运，即将发生巨大的升腾，就此获得的非凡成就，也让他的词典里永远没有了"退休"这两个字。

中国这个宏大的百年蓝图，一时还被壶公山的石头遮蔽在身后，隐匿在复杂现实的迷蒙之中。

第｜七｜章

20 世纪 70 年代，
参与设计上海第一座斜拉桥泖港大桥，
"寻找第七个问题"

1974 年，距今天也已有 50 年的"距离"了。网上流传的一组 1974 年的上海留影，记录了那个动荡时期末期的独特影像。有一篇以"老上海"为主题的图文报道，标题煞是"耀眼"："美国来客拍摄的 1974 年上海，中美关系的历史见证人"。

文中写道：继尼克松 1972 年访华以后，中美之间的交往日益增多，美国游客开始来到中国上海。图片的介绍文字这样写道：特殊年代，墙壁上还写有标语，典型的时代特征；上海工厂里的女工，还有电焊工；上海的居民区，有居民在菜园里劳作；上海的一处工地；上海的小学，小学生们坐在教室里，大声地朗读着课文。

这位美国摄影人自然也拍下了黄浦江：上海的江景，黄浦江静静流淌。而这个黄浦江的"静静流淌"，在 1974 年的 11 月被一场会议彻底打破。上海市城市建设局当年的总工程师徐以枋宣布了一项重大决策："市里"同意建造实验性的松江泖港大桥，采用大跨度斜拉桥方案。上海市政工程设计院桥梁室的所有人都听明白了，实验性目标后面的实质性目标，就是黄浦江大桥。

现代的斜拉桥问世于欧洲，1955 年德国一家公司在瑞典成功建成了主跨达 182.6 米的斯特伦松德（Stromsund）桥，开创了现代斜拉桥的建设先河。随后，德国在莱茵河上又陆续建造了若干座斜拉桥，为斜拉桥设计、施工技术的发展奠定了基础。面对国外技术的封锁与资料的匮乏，中国的桥梁工程师开启了艰难的中国斜拉桥技术的自主研发之路。1975 年建成的四川云阳斜拉桥是中国最早的斜拉桥，主跨为 76 米（现已拆除）。

上海市政工程设计院的第一代总工刘作霖，第一次提出要到黄浦江上去造大桥；20 世纪 70 年代中期，第二代总工张迺华接班，向市里提出申请，想做一座实验性的斜拉桥，为日后在黄浦江上的更大规模建设奠定基础。

那时候，国内还没有做过斜拉桥，国外是做过的了。这是上海市政院第一次正式向市政府提出要"做实验"。对于工程设计，纸面空谈是没有用的。写几篇纸面论文，召开会议讨论，固然有其价值，但终究无法替代实践的成功。在这样的背景下，向市里提出建造一座实验性斜拉桥的构想应运而生，其成功与否虽存变数，但重要的是要从中获取经验。

上海市政工程设计院的这一申请，获得了市里的正式批准，最终选择在松江泖港开工，建设一座 200 米跨度的斜拉桥。因为是做实验，项目要求泖港的斜拉桥须一跨过河。上海市政府的支持为项目提供了资金保障，上海市政工程设计院设计队伍得以放手设计。

泖港有个旧名，叫作：籴（tǔn）来庙，地处江浙沪水路通道，有"活水码头"之称，俗称卡子（清朝当局拦船收税处）。咸丰年间此处形成集镇，镇呈长方形，街道自东至西往北，全长约 700 米，最窄的地方只有 3 米。1966 年，泖港划归松江县（1998 年松江撤县设区）管辖，水网地带的当地百姓，出行主要依靠摆渡船。

泖港大桥的选址定于松江区泖港镇的东侧，横跨大泖港，连接叶新公路。1975 年 11 月，由上海市政工程设计院主持设计跨度 200 米的混凝土斜拉桥——泖港大桥开工。参与设计的林元培，协助张洒华总工"做计算"。当时，国内虽已经有了电子计算机，上海也有电子计算机研究所，但是只供军事部门使用，对社会性的民用工程尚不开放。然而，鉴于泖港大桥项目的重要性，经过各方协商，电了计算机研究所同意了"协作市政院工作"。

当时，计算机研究所里的机器庞大笨重，体积堪比现今的一间办公室。林元培负责编写设计公式，再由研究所操作员把这些公式编进程序，最后利用计算机来做"计算"。这一过程不仅涵盖设计的计算程序，还涵盖施工的计算程序。

泖港大桥作为当时国内第一座 200 米跨度的斜拉桥，其技术难度很大。其中，桥梁悬臂的双向合龙是个大难题。当时，林元培参加了一场市里的科普报告会，从中了解到"卡尔曼滤波法"这一前沿技术。该技术原本应用于修正导弹轨迹和解决宇宙飞船对接。随着人造卫星技术的飞速发展，卫星本身的制造及其在宇宙空间的运行轨迹均难以避免地存在误差。那么，如何确保这些"悬空八只脚"的卫星能够持续保持在正确的轨道上运行呢？答案便是地面人员坐在卫星总指挥室里，利用卡尔曼滤波法对卫星作"动态纠偏"。这个报告给了林元培很大的启发，泖港大桥的"双向合龙"，从技术角度讲，不也就是一个"动态对接"的过程吗？

林元培马上找来卡尔曼滤波法的资料进行研究。得益于他先前对相对论的学习基础，很快就理解和掌握了其中的计算方式。他的心里有豁然开朗的感觉：卫星动态纠偏所采用的原理是概率论和线性代数，同样可以应用于桥梁建设之中。桥梁图纸设计与实际施工之间往往存在一定的偏差，尽管卫星技术跟造桥无关，但动态纠偏、随时修正的理念却为解决问题提供了新思路。林元培根据测量的动态数据，对桥梁线型进行矫正，"动态对接"在实际施工获得了成功，泖港大桥两岸悬臂施工的桥梁，合龙时候的对接误差，被控制在了 2 厘米之内。

泖港大桥于 1978 年 4 月动工兴建，1982 年 6 月竣工通车。在当年的通车报道中，泖港大桥被誉为松江区泖港镇的地标性建筑，大桥成功采用双塔双索面的桥型；"塔柱两侧各自设置的 11 对拉索，被称为对称竖琴式，整座大桥远看浑如一架巨大竖琴，飞跨于江面之上，身姿雄伟而秀丽"。泖港大桥建成的当年，获上海设计系统优秀设计奖；1983 年，又被评为上海市建设系统市政建设十佳工程之一。

根据泖港大桥的设计与建造，林元培撰写了学术论文《卡尔曼滤波法在斜拉桥施工中的应用》，发表于 1983 年 9 月的《土木工程学报》："在解决实际问题之前，有必要对现代控制论的基本思想作一简单叙述。在实践中，对于一些物理过程需要控制它的发展，以期达到某一预期的目的，并希望在某种意义下使被控制的对象处于最优状态。显然任何一个被控对象的运动都可以用一个运动方程来描述。"

整篇论文有 14 页篇幅，充斥着非专业阅读者根本看不懂的数学符号和求证公式。林元培把这些表述为"简单的计算结果"，且强调，调整力要完全根据实际表现计算决定，"应用卡尔曼滤波方法控制结构的内力和变形既简单又有效"。

四十年幡然而过，被誉为"最早"的"中国第一座真正意义上的大跨度斜拉桥"，人来车往，日晒雨淋，老泖港大桥"伤痕累累"。2017 年 12 月，平申线航道（上海段）整治工程启动，对叶新公路泖港大桥进行改造。历经三年时间，老旧的泖港大桥被拆除，2021 年 6 月中旬，新建的泖港大桥正式全线通车，其拥有双向 4 条机动车道，双向 2 条非机动车道和人行道。新桥外观设计和桥梁结构依旧采用了原斜拉桥的桥形，桥梁主塔也保留了部分老桥的外观。

在后辈建设者的嘴里，曾被誉为"上海第一座斜拉桥"的老泖港大桥，被提升到了"南浦大桥母亲桥"的崇高位置，"作为当年国内最大跨度的混凝土斜拉桥，它所积累的经验为南浦大桥的成功建设奠定了基础"。两个时代，两种不同的社会需求，继往开来，凸显了中国社会经济建设的飞速跃进。

对于设计泖港大桥的这段经历，林元培回忆说道："我对桥梁设计的体会是，同任何工程一样，都会有两种设计方法，一种是跟着传统走，照别人的做，不会有错，也没有风险；另一种就是创新，创新是要求在效益、工时上，都要比过去好，但是创新肯定是会有风险的。在年轻时候，我读过的书里说：人最宝贵的是生命，每个人的生命只有一次。我觉得，照着别人的老路走，抄作业，确实没有风险，个人的工资奖金也照发照拿，但就是这么宝贵的一次生命，天天用来抄人家的公式，重复劳动又有什么意思，生命的宝贵又体现在哪里呢？创新的确会有风险，但创新不是莽撞，前提是要有可行性的理论研究。"

说到"理论成立"，林元培这样诠释：这会产生三种情况：一是别人做过并成功了，理论是公开的，我自己再做一遍公式推导，验证就是了；二是理论并不完善，需要进一步改进，但只要是没出过问题的，经过再次推导，证实可行，那工程设计还是可以继续做的；三是没有理论，那就需要自己来建立方程，推导新的理论公式。

对于自己设计的"底线"，林元培定下原则：允许有缺点，缺点是局部的，下次可以修正，但绝对不可以有错误，错误是方向性的，出现错误，后果将不堪设想，人民生命和国家财产会遭遇巨大损失。"所以，每当我设计一座新的桥梁，到了临近方案拍板的时候，我无时无刻不在紧张地考虑，我告诫自己，你已经想到了可能会出现的六个问题，但是否还存在着没有想到的第七个问题？尽管到现在，我设计的每一座桥梁，都没有出现过所谓的第七个问题，但在我的脑子里，一旦遇上新的桥梁设计，我就始终还是会去寻找那个第七个问题"。

林元培始终紧张寻找"第七个问题"的思维方式，早已超越了"三思而行"的范畴。中国先人曾经这样记录做事的境界，三国时期曹植所著的《王仲宣诔》中这样概括："算无遗策，画无失理"，后来的《南史·梁简文帝纪论》则"发展"为："自谓安若太山，算无遗策"。

从那个时候起，林元培就有了"思维定式"——失眠。每当他着手设计新桥，临近拍板，他便难以入睡。

第|八|章

任职副总工程师，完成"纠偏"论文，
副总理方毅批示出访国际桥梁会议

林元培一生未曾离开设计院，自 20 世纪 80 年代初起，随着前任刘总、张总因年龄原因退休，他水到渠成地担任了上海市政工程设计院的副总工程师。上海市政工程设计院涵盖给水、排水、道路、桥梁等多个专业领域，林元培是负责桥梁方面的副总工程师。在此之前，他致力于"专业部分的工作"，自己动手画图纸。而当林元培担任副总工程师之际，中国的改革开放已经如火如荼，市政建设的各类工程如雨后春笋般涌现，规模也大起来，不再局限于个别项目。面对繁重的工程任务和海量的图纸，林元培意识到必须转变工作方式，与各部门、室里的同事紧密合作，共同完成各类任务。

当年，上海市政工程设计院由徐以枋总工程师统揽全院的管理工作，桥梁建设则由林元培定主意。林元培当时定下了这样一个原则：凡是院里已有成功先例的桥梁项目，先由他本人进行全方位考虑，确定总体方案；随后，再跟室里的同事开会讨论，集思广益。林元培欢迎有不同意见，因为要有不同的意见，才能够使整个方案更加完善，避免"一言堂"的局限。方案确定后，由室里同事负责具体设计。如果过程中发现新的问题，由林元培组织讨论解决，并最终由他审定后签字认可。而对于那些从未做过的项目，林元培更是亲自动手，从方案设计到图纸绘制，全程参与。

林元培曾言：我是桥梁副总，签字认可也好，自己动手也好，归根结底都是我来承担第一责任。

林元培在副总工程师任期内，首当其冲的一件事情，"是做斜交桥，它的背景是全国各省市都在做高速公路"。随着中国改革开放进程的逐步深入，对于公路运输的需求持续增加，国家交通部门对建设高等级公路（汽车专用公路、高速公路）已有相当的认识，社会各界对修建高速公路问题也非常关注。1981 年，国务院授权国家计委、国家经委和交通部以《关于划定国家干线公路网的通知》，确定了由 12 射、28 纵、30 横组成的国道网，总规模达 10.92 万千米，作为我国第一个国家级干线公路网规划，从根本上确定了国道网的通盘布局，意义重大。

　　至于为何要建造斜交桥，其缘由在于"一般来说，高速公路都是斜交于河流的"，相比以往的公路桥梁，斜交桥的功能更符合高速公路的建造要求。当年的上海市政工程设计院也在做高速公路的斜交桥，"这里面就发生了一系列故事"。

　　20世纪50年代，桥梁界的李国豪教授率先提出了他的斜交桥理论，其研究成果以论文形式发表在当年的《力学学报》上面，在这篇论文里，他"写了一个方程式"。时间来到70年代，国外已经建了很多斜交桥，日本京都大学的成冈昌夫教授使用电子计算机，依据李国豪方程式进行验算，随后再做试验，却发现理论计算结果和试验数据相差很大。随后，他在德国某权威期刊上发表论文称："李国豪教授的理论，在通过电算求解与模型试验的实测后，显现出一定差距。"

　　当时国内掀起高速公路建造的热潮，林元培在阅读成冈昌夫的文章后，敏锐地察觉到问题所在，并开始思考这一"差距"的具体幅度。他重新翻阅李国豪教授20世纪50年代发表的文章，经过仔细研读，发现原理论里面，有一个有待商榷的假设，根据爱因斯坦"假定越少越好"的思考方式，林元培意识到，该假定可能是多余的，于是尝试舍弃掉这个"多余的东西"，并成功推导出相应的公式，其参数与李国豪教授的原公式大相径庭。

　　为验证新公式的正确性，林元培使用当时已较为先进的上海市政工程设计院的计算机，进行编程与计算，最终的计算答案跟成冈昌夫的试验结果完全一样，从而验证了该公式推导的正确无误。

　　就此，林元培撰写了一篇名为"斜交构造异性板的理论及其应用"的论文，寄给了李国豪教授。李国豪教授在收到后，回复道：我看过之后，再说。大约一周后，教授打电话给林元培，约其见面。见面后，教授说道：你的这个做法是对的。随后，林元培又进行了一个模型试验，同样验证他的理论是正确的。

第八章

这篇论文后来在上海第一次科学大会上获得了重大科技成果奖。

林元培的这篇具有"纠偏"意义的论文获得肯定，并在国际桥梁与结构学会的会刊上发表。令林元培没有想到的是，这篇论文竟成为一张入场券，使他受邀参加次年即将在奥地利首都维也纳召开的第十一届国际桥梁与结构会议。

20世纪80年代初期，虽然国门已开，但因公赴境外参加国际学术会议，在当时还是一件"稀罕"之事，获得了学术认可和专家会议邀请的林元培很高兴，随即开始了自己因公出国的走程序"过程"。林元培首先向本单位提出申请，再由上海市政工程设计院逐级向上申报，然而林元培自己对于"具体程序怎么走是不知道的"。随着维也纳召开会议的时间越来越近，审批却迟迟未下。问及缘由，回答很客观，也很官方：个人的因公出国，从来是"提前多少时间"申请，随后"排队"，直至"外事部门审查批准"，方可成行。

简而言之，出国并非易事，申请人需耐心等待。

焦急的林元培心生一计，他意识到出席有关桥梁的国际学术会议的机会难得，遂决定请中国桥梁界资格最老的、最有权威的"领导人"出面帮忙，林元培说走就走，连夜乘上北上的火车，第二天抵达北京，便马不停蹄地来到前辈元老茅以升先生的家中，恳请老人家能够以国家土木工程协会的名义，向有关部门申报，以支持自己的出国访问。然而，茅以升老先生对着林元培说：国家外汇非常紧张；我的年龄也大了，在协会只是挂个虚衔，早已不管任何具体的事情了。

至此，匆匆而去的林元培，双手空空地失望而归。未曾料想到的是，"隔了几天"，已返回沪上的林元培，竟意外拿到了出国的公文批示。

林元培从院领导手中拿到了这份批示，亲眼看到了批准人的姓名：方毅。然而，时至今日，林元培依然对这份报告走过的"一切过程"一无所知：这份报告是谁写的？是哪个部门呈送的？又是如何辗转至国务院副总理方毅的手里？方毅又为何亲自批复？

这份四十多年前的批示，其"批复"流程的具体细节已经无法"追寻"；但不可否认的是，这份由方毅亲笔批复的、允许林元培出国参加国际学术会议的文件，是中国大转折时期"坚持在科学和教育工作中实行对外开放政策"的一份确凿佐证。

相关资料这样介绍："方毅是中国对外经济、科技领域的杰出领导人。曾先后担任中国科学院院长、国务院副总理、国务委员、中共中央政治局委员、中共中央书记处书记、全国政协副主席等职。从1977年9月到1978年3月，方毅协助邓小平筹备、主持召开了全国科学和教育工作座谈会，认真听取了科学和教育工作者的意见，亲自领导会议各项文件的起草工作。经党中央批准，在他的领导下，恢复和重新组建了国家科委，制定了科学技术工作的新方针，强调科学技术工作和经济社会发展的紧密结合，提出实验室成果向生产转移、军用成果向民用转移、先进地区成果向后进地区转移、国外成果向国内转移，在广泛听取各方面意见的基础上，组织和发动我国一大批著名科学家制定了我国新时期的科学技术发展规划，部署了一批大的科学工程和一大批重点科技攻关项目。1979年1月，他作为中国政府代表团副团长，陪同邓小平访问美国，并与美方签订了有关高能物理、航天、基础研究等多项合作协定。"

"方毅坚决执行邓小平的指示，向国外大量派遣留学和进修人员，并且改革了留学管理制度，20世纪80年代初，他多次邀请海外著名学者来华，共同研讨中国科技体制的改革和科学技术的发展战略，对打破封闭的科学技术和教育领域，走出国门，促进我国的对外开放作出了重大贡献。"

林元培申请出国参加国际学术会议的"20世纪80年代初"，就是方毅副总理根据邓小平指示，"打破封闭的科学技术和教育领域，走出国门"的"20世纪80年代初"，恰逢开放，两者重合。在今天，大抵可以这样推测出这样的两种可能：一是，上海市政工程设计院呈送的关于本院副总工程师林元培同志出国的报告，逐级上报，被"归口"送到了方毅副总理的办公桌上；二是，当年所有国际性科学技术会议的国外邀请书，来到国内首先"落地"的地方，就是方毅副总理领导并管辖的国务院组成部门；无论是哪一种可能的过程，其处理意见，都是由方毅副总理一支笔审定。

在至今令人神往的 20 世纪 80 年代，中国式的"生逢其时"是确实存在的。林元培获得第一次出国参加专业学术会议的机遇，是极其幸运的。应该说，林元培出席奥地利维也纳国际桥梁会议，是他职业生涯起飞和人生转折点的开始。

四十多年过去了，林元培对于当年的一些记忆细节，已经"不太清楚"，但他始终记得，他拿着方毅批示的文件，而当年上海市政工程设计院的领导、总工程师徐以枋对他说：哦，现在行了。

第|九|章

住维也纳"家庭旅馆",感受音乐与差异,
"个人微小,但要为国家作贡献"

位于多瑙河畔的奥地利首都维也纳，是欧洲古典音乐的摇篮，也是世界著名的音乐之都。在第一次世界大战前，维也纳曾是神圣罗马帝国、奥地利大公国、奥地利帝国和奥匈帝国的首都，其市中心古城区被列为世界遗产。作为联合国的四个官方驻地之一，维也纳是石油输出国组织、欧洲安全与合作组织和国际原子能机构总部以及其他国际机构的总部所在地，连续多年被联合国人居署评为全球最宜居的城市之一。

林元培首次出国，走出机场，迎面而来的是一派陌生的异国风景。林元培的首个目的地，是前往中国驻维也纳大使馆报到。然而，此举让他碰上了第一个"没想到"。

林元培抵达奥地利维也纳后，第一件事是要向大使馆报到，这是规矩。在报到过程中，大使馆的秘书向林元培提出了疑问，你预订入住的宾馆怎么定得这么豪华，为什么要花那么多钱？他回答说，自己是首次出国，对国外情况一无所知，仅因该宾馆紧邻会议地点，表格要求填入境后的入住地点，他便填上去了。原来，林元培预订的这家宾馆紧邻金色大厅，后者以豪华著称，旁边的宾馆当然也是很高档的。秘书随后告知，国家外汇紧张，建议替他更换住宿地点。话虽客气，但不容置疑。林元培询问新地点，秘书表示新住处同样便捷，离金色大厅会场步行仅需半小时，"这个地方很好，就在多瑙河边上，去开会就沿着多瑙河走，一会儿就能走到"。大使馆秘书继续很客气地问林元培同不同意，他当然表示同意。随后，大使馆安排车辆送他前往。抵达后才发现，那是一家家庭旅馆，跟现在国内的民宿是一样的。

入住家庭旅馆，也就是住在这户人家的家里，一个空房间让来客入住。这户人家也就老夫妻两个人，整理房间之类的事，会请其他人来做，来客住几天，他们就收几天房租，日常供应早饭、面包、牛奶，很普通的东西。午餐、晚餐由林元培自己在外面吃。

这是林元培第一次出国，他对国外的任何事物都感觉十分新鲜，

沿着多瑙河步行到维也纳市区参加会议

在维也纳开会

既然住在了外国人的家里，正好可以看看人家是如何生活的。

从住处步行至会议地点，大使馆秘书告知，"有半个小时就可以了"，但林元培"天天都是提前一个小时出门，从住的地方沿着多瑙河，慢慢地走，看看他们的国家，想想自己的国家"。

维也纳国际桥梁与结构会议包含三项内容，第一件事情是"听报告"。

国际桥梁会议的报告内容，自然是关于桥梁的，涵盖诸如瑞士桥梁建设的成就，等等。林元培听后，从专业角度出发，认为其内容相对常规，感觉上也一般，某些方面甚至未及国内水平，毕竟中国至少已拥有南京长江大桥等大工程了。

第二件事，是参观维也纳当地几家大的桥梁设计公司。在参观过程中，林元培看到他们已经使用电脑进行设计了，即利用电脑画图。当时，国内的电子计算机主要应用于计算，设计仍依赖于手工画图。但他已经知道，国内在编程技术方面已具备高度水平，因此坚信这个事情也能办到，回国后便着手去做。

林元培的论文成为参加此次会议的入场券，取得了出席资格，然而并未安排发言。

即使过去了 40 多年，林元培仍清晰记得，自己在维也纳开会的那段日子里，心里面有过"大与小"的对比体验：自己在国内走过了好多地方，我们国家很大，有 960 万平方公里的土地，从南部三亚到北部黑龙江漠河，从东面绥芬河到西部新疆喀什，"比起奥地利，我们国家大得多了"。中国的人口有十几亿，奥地利人少，还不到两百万，走在街上，"能见到的外国人是不多的"。"维也纳有条闻名世界的多瑙河，我天天走过，但是也太小了；我是'走过'长江的，这个长江我很有体会，从重庆朝天门乘江轮回到上海，要走好几天，多瑙河是美丽，我们中国的山河是壮丽"。

同时，林元培也真实地看到了自己国家当年的"穷"。会议的第三项内容，是自由活动。其中一项内容，是参观当地的桥梁施工工地。在一个工地上，林元培偶然间听到两个外国人的闲聊，其中一人抱怨道：我家里的汽车老是要修，烦死了，你说，我是不是要换一辆新车？另一人则轻松回应：那你烦什么，直接换新车不就好了，自然不用修理了。

这番对话深深触动了在场的林元培，他惊讶地发现：这两位都是普通工人，穿的是工地的施工工作服，身上沾满油渍，却都是有自备汽车的。相比之下，他所在的上海市政工程设计院里，众多工程师没有一个人有小汽车。这是 40 年前林元培在维也纳看到的一幕，当时对他的触动很大，中国与欧洲民众生活的差距是那么大。他意识到，这不仅是有没有私人汽车的问题，而且折射出当时中国社会消费水平之低。

然而，林元培并未因此沮丧，他一边走一边想，无论哪个国家，都是一步一步地从昨天走过来，走到了今天，再走向明天的。尽管心中感慨自己的国家当前的相对贫穷，但他也想到了一句古代志士的名言，"天下兴亡，匹夫有责"；"我至少是个匹夫吧，我这个匹夫愿意努力学习，尽心工作，承担应有的社会责任，如果我不努力去做，这个心里就过不去，不好意思啊。我已经当了副总工程师，用当时的话来说，我不去振兴中华，那还能干什么？"

林元培在维也纳的"街上走走看看，文化气氛很不错"。音乐家贝多芬曾经在这里生活。1787 年春天，贝多芬首次踏足维也纳；1805 年 4 月，贝多芬亲自担任指挥的《第三（英雄）交响曲》在这里首演。此外，歌德与舒伯特也曾在此地发生"关联"。1815 年，年仅 18 岁的奥地利作曲家舒伯特，根据歌德诗作《魔王》，创作了自己的"作品第 1 号"。1828 年 11 月，31 岁的舒伯特病危，他如是嘱托："贝多芬不是睡在这里吗？"他的哥哥按照舒伯特要求，将其墓地"与贝多芬的墓地相毗邻"。

值得一提的是，维也纳还孕育了施特劳斯家族。施特劳斯（Strauss）家族拥有四位奥地利籍的作曲家、指挥家，父子四人在维也纳流行音乐界独领风骚 75 年，长子小约翰·斯特劳斯（1825—1899 年）创作的《蓝色多瑙河》享誉世界，被誉为"圆舞曲之王"。

林元培去往这些音乐家的纪念地，一一欣赏，拍照留念。维也纳的文化气氛与国内相比很不一样。他所住的家庭旅馆旁边，是一个小村子，下午三点以后，当地人会走出家门来到街上，吹响萨克斯，伴歌伴舞，充满了浓郁的音乐气息。林元培就在一旁静静欣赏，体会当地的风土人情。20世纪80年代的上海，还见不到这样的街头聚会。

林元培所住的家庭旅馆，只供应一顿简单的早餐，其余两餐自行解决，因为吃不惯西餐，他会去当地的中餐馆吃饭。这家中餐馆的老板，是一对年轻夫妇，丈夫来自中国台湾，妻子是维也纳本地人。餐馆不大，作为老板的丈夫自己兼作端菜的服务员。林元培与他，两个中国人非常自然地"说中国话"。年轻的丈夫说，维也纳是世界音乐之都，自己特意从国内来这里进修音乐，并在完成学业之后，投考全世界最令人敬慕的维也纳爱乐乐团。然而，创立于1842年，体现了最纯正维也纳风格的爱乐乐团，没有录取他，因为"乐团规定，其成员必须在歌剧院乐团演奏超过三年，才有资格在爱乐乐团申请演出席位。"

尽管没有考上维也纳爱乐乐团，但这位年轻人还是毅然留在了维也纳。

林元培问他，既然没有考上，为何不索性回去呢？这个来自中国台湾的年轻人回答说：我在这里开店、打工，虽然累，但有机会欣赏到世界各地来的顶级音乐家和大师的演奏，自己可以获得新的学习体会，这是在任何地方都无法实现的。

一番对话，对当时的林元培触动很大，一个人首先要做的，是自己有兴趣的事情。初看起来，这个年轻人未能进入他向往的乐团工作，只是在异国他乡的餐馆里给吃饭的顾客"端菜"，以支撑生活。但细细想来，他坚持留在维也纳而非回归故乡，正是为了能够继续"做自己喜欢的、感兴趣的事"。林元培意识到，即使在国内，也同样有很多年轻人在为一口饭奔波，相比之下，自己很幸运：自己是做桥梁的，做着喜欢的专业，做着感兴趣的事情；自己能够到维也纳来参加世界桥梁的专业会议，有国家支持，不必担心在异国的生活问题。因此，"我必须对得起国家，要有所贡献。我是一个中国人，个人能力是微小的，但是努力做好本职工作，以身作则，是有希望把我们院的桥梁设计水平提高到国内先进水平的"。

当时的林元培还未想过赶超国际水平，他只是考虑：我们现在做的重大桥梁，都是庞然大物，寿命至少一百年，在这一百年时间里，不知道有多少人要经过这座桥。我们的桥做得好，经得起后人的使用欣赏，这对于我们设计桥的来说，是件非常快乐的事情。当然，如果做得不好，被后人议论，我们也要经得起这些议论；这是非常严肃的事情。

林元培也想到了另一种可能性：如果自己如此努力，可由于种种原因，最终还是一事无成，那也完全是可能的，但是一定做到尽心尽力，一生不留遗憾。

第十章

设计恒丰北路桥，掌握软土地基深桩数据；
建成嘉陵江石门大桥，"黄浦江大桥有希望"

如今生活在上海且年龄在 40 岁以下的人，大多没有见过天目西路上海老北站的样子：小小的候车室，木质长板凳"排排坐"，间距狭窄，拥挤不堪。铁路出售送客的站台票，一位旅客可凭车票购买一张，"享受"陪送待遇；一张站台票的当年票价是人民币五分。

上海北站于清光绪三十四年（1908 年）3 月正式投用，原名沪宁铁路上海站；1916 年 12 月，更名为上海北站；1950 年 8 月 1 日，北站改名上海站，并核定为国内特等车站。上海站曾经是上海陆上交通中心和南北枢纽，与上海这座具有国际影响的大城市一起，历经了八十多年的风雨，饱经尘世沧桑。随着国家经济建设的发展，简陋的设施日益不堪重负。20 世纪 80 年代，上海站春运高峰时期曾创下日运输乘客 15 万人的纪录；临近春节，候车的返乡人群无处可去，冬夜里只得蜷缩在站外天目路的过街天桥上。1984 年 4 月，上海铁路新客站工程经国家批准，在同年 9 月破土动工。

工程开工后，碰到重重困难，建设进度不快，1985 年 11 月，部分上海市人大代表视察上海新客站工地，提出："建设任务艰巨，单靠几个部门的领导难以指挥协调，有很多问题要由市领导出面协调才能解决。"时任上海市市长的江泽民作出批示：近期内，由我和你们一道召开一次专题会议，切实把急需解决的问题解决一下。

江泽民大声疾呼："大上海不能没有一个像样的火车站啊！新客站面子是大家的。这不是为了出风头，而是使人感觉气象一新。市人大要我当领导小组组长，我就是司令员，要打仗就要冲锋，不冲不行。我们就要以战斗的姿态进行工作，在保质保量前提下保证速度。"（摘自《江泽民在上海 1985—1989》，上海人民出版社，2011 年 7 月，P120–121/124）

在新客站的总规划图中，要求在车站西边的恒丰北路上造一座跨线桥梁，跨度 75 米，属"很小"的斜拉桥，以保证地面火车畅通和"上边"桥面公交的运行。这个任务，交给了上海市政工程设计院，交到了已任总工程师的林元培手上。

谈及这座桥与当年德州的铁路地道桥的区别，那就是德州地道桥是公交车在下面"洞里"走，火车在上面跑，而上海的恒丰北路桥是火车在斜拉桥下面跑，公交在桥面上走。

当时的铁路方面表示：这个铁路轨顶标高是不能动的，如果桥产生沉降，路面与桥面板之间供火车通行的净空必然减小，因此一定要保持原标高。那么，这个斜拉桥的路基是否稳定，是否能够保证铁路需要的净空标高，与该桥的地基沉降有重要关系。当年，上海的钢管桩工艺已经很成熟，土力学学科也已经发展了一百多年，相关论文写了很多，但是一地一桥的地质情况各不相同，所以对于桥梁建成后的沉降情况，以及钢管桩的具体施工，计算方式和结论也都不一样。无法在理论中得以解决的问题，只能在实践中获得解决，林元培来到工地，实地测量沉降情况。

上海地基是分层的，下面有一层硬土，林元培曾参与设计的松江泖港大桥，混凝土桩打到二十几米就到硬土层，基础就此稳定。而对于恒丰北路的斜拉桥，尚无法得知到达稳定的硬土层的钢管桩深度。林元培当时做了个决定，只要能够继续打，钢管桩就一直打下去，他就是要"看看"这个桩究竟能打多深？工地打桩很快得出结果，当桩打到 76 米，就到达硬土层；设计人员依此数据对钢管桩沉降进行计算。任何市政建筑的地基沉降总是存在的，需考虑能否将其保持在"允许"的范围内。对于恒丰北路斜拉桥，这个"允许"范围，取决于铁路方面所要求的净高标高，林元培心知肚明。

林元培根据钢管桩的 76 米深度，设计这座小斜拉桥。胸有成竹，从容镇定，项目完成后，桥梁平顺稳定，时至今日，始终能够正常通行。

恒丰北路斜拉桥解决了上海软土地基的深桩技术问题，林元培得到了确凿的数据，为后来黄浦江大桥的地基设计奠定了理论和实验基础。

同时，在恒丰北路斜拉桥的锚头使用方面，林元培也做了改进。

上海新客站恒丰北路斜拉桥

在泖港大桥的实验中，国产的锚头虽试制成功，但还是有许多地方亟待改进：泖港大桥所使用锚头在出口地方不收口，是平行出去的，虽可以用，但与国际水平有较大差距，给后面的防护工作带来了难度。在设计恒丰北路斜拉桥过程中，林元培对“锚头改进及张拉设备制造”做了进一步的技术提升，由开口改为收口，将之“修改得接近国际水平”，林元培表示，“虽不能完全达到国际水平，但是我向其靠近，按此要求设计出来的锚头，实际使用证明是可以的，也是可靠的”。

1987 年 12 月 28 日，上海新客站正式启用。

对林元培来讲，恒丰北路斜拉桥的设计成功，是一座小桥解决了两个大问题：一是获得了上海软土地基的深桩技术数据，二是把上海自己制作的锚头“修改得接近国际水平”。

1985 年下半年，作为上海市政工程设计院的桥梁总工程师，林元培还承担了另一座重庆桥梁的设计任务。

西南重镇重庆的城市中心区域，坐落于长江与嘉陵江的交汇之处，四周群山环抱，江水蜿蜒回绕，城市傍水依山，层叠而上，因此，重庆既以“山城”之名著称，又以“江城”之美誉扬名。谈及重庆夜色，有这样的介绍：凭高眺远，只见万家灯火起伏错落，银霞明灭交织，与两江粼粼波光、满天繁星交相辉映，奇丽醉人。

这是距离产生的美。然而，重庆人如何“如履平地”地到对岸去，始终是一个现实难题。

重庆市场是刘作霖总工程师打开的，林元培当年跟着刘总做过设计，重庆方面的人认识他，故而邀请他去做嘉陵江石门大桥的设计。

石门大桥位于嘉陵江上，江面中间有个岛，岛与江岸的一侧距离是 230 米。重庆方面提出，如果可以在岛上做斜拉桥塔，就无须再做水下基础；单塔竖立在这个岛上，单索面也会很好看。考虑当时国内的建设水平，建造 230 米大跨度的单塔单索面斜拉桥，投入较高，风险较大。但重庆方面的这个想法，给这座斜拉桥设计的探索带来了一个难得的机会。机遇与风险并存。林元培把所有的问题都研究了一遍，最终确定，对于这座跨度 230 米的单塔单索面斜拉桥，"我们是有建造能力的"。

林元培同意在岛上设计单塔，经过测量，两侧跨度是 230 米 + 200 米。当时，他的心里产生一种预想：嘉陵江石门大桥单塔一侧是 230 米跨度，只要做得成，那么只需在另一侧重复去做，再大的斜拉桥也做得成。试想，230 米翻倍就是 460 米，足以跨过黄浦江。因此，只要该工程建设成功，将来在黄浦江上做桥，上海也是完全能够做到的。林元培心里抱着这个想法，决定就是再难，也要把这座石门大桥给"解决掉"。林元培亲自动手设计，他对自己说："这个桥做成功了，就等于黄浦江大桥也能做成功啊。"

在实际建造中，由于石门大桥桥面很宽，施工挂篮不得不相应做大，"挂上去真的是很困难"。林元培提出了施工方案，做三个同类型挂篮，"品字形施工"，前面一个挂篮先出去，后面二个挂篮再接上去，如此这般，施工顺利进行，工程飞快。

有一天，林元培在上海接到重庆的电话，他们平时习惯喊他"领导"的：领导，我们明天合龙了，你一定要来看看。林元培应答：那好啊。第二天，他便坐飞机赶到重庆，可刚打开嘉陵江边上的大学招待所房间的门，就被告知：石门大桥已经合龙了。林元培走到房间外，扶着一旁的栏杆，看着下边奔流的嘉陵江，如今的他回忆道："可能是太激动了，眼睛顿时发黑，一时什么也看不见了。"

这一幕，被一旁随行的工作人员看在眼里，在当地记者有关石门大桥通车的报道里，便有了这样的描述：嘉陵江石门大桥合龙那一天，林元培竟然激动得昏了过去。

林元培的眼前是黑的，但心里亮了。虽然当时"的确是什么也看不见了"，但他的脑子里非常清楚：嘉陵江石门大桥顺利合龙，我们上海做黄浦江大桥就大有希望了。

重庆嘉陵江石门大桥全长716米，为当时国内最大的同类型斜拉桥；主桥为200米+230米独塔单索面预应力混凝土斜拉桥，桥面全宽25.5米，设4车道。墩高约50米，塔柱自桥面以上高113米，塔总高约163米。拉索采用平行索布置，索距7.5米，拉索最长达230米。主梁为箱形断面，采用劲性骨架悬臂浇筑施工。引桥为主孔5×50米+36米预应力混凝土连续梁，采用顶推法施工。

1985年12月25日开工，1988年12月25日竣工通车。这座石门大桥获得国家科学技术进步奖一等奖。

嘉陵江石门大桥的顺利建成，为突破斜拉桥400米跨度的技术难题奠定了坚实基础。完成建设任务后，林元培刚回到上海，上海市政府就来了指令，根据石门大桥的设计方案和施工经验，由林元培作书面建造黄浦江大桥的可行性报告。

1988年建成嘉陵江石门大桥

第十一章

旷世之作，上海百年梦圆，
在黄浦江上造桥是有可能的

中国近现代史上，在黄浦江上造桥，是上海人的百年夙愿。古语有云：高手医病，圣手医国。对于在黄浦江上造桥的事情，在历史上至少有三位"医生"，对此发出过自己的声音。

按出生年月排序，第一位最年长的，是上海青浦朱家角的陆士谔，他在1905年27岁时来沪上行医；1910年，32岁的他写下《绘图新中国》（又名《立宪四十年后之中国》）。当时时值清宣统二年（1910年），书中的主人公陆云翔喝酒后酣睡，女友忽来呼之出游，睁眼已是清宣统四十三年（1951年），世道大变。书中写道，上海浦东即将举行博览会，为方便市民们共享盛会，政府建成了浦江大铁桥和越江隧道，以方便市民交通。原文是："把地中掘空，筑成了隧道，安放了铁轨，日夜点着电灯，电车就在里头飞行不绝。还有一座很大的铁桥，跨着黄浦，直筑到对岸浦东。"

书中的最后，急于出门观看宪政四十年庆典，陆云翔被门槛绊倒跌了一跤，自此梦醒。不甘心的他说道："休说是梦，到那时真有这景象也未可知。"

第二位是也曾学医的孙中山先生。他在1919年2月所著的《建国方略》中提到，芜湖一带为未来东方大港的建造地，而"现在上海前面缭绕漾泅之黄浦江，则填塞之以作广马路及商店地也。此所填塞之地，当然为国家所有，固不待言；且由此线以迄新开河中间之地，暨其附近，亦均当由国家收用，而授诸国际开发之机关所支配"。

当年有评述者这样解读："从强烈的反租界的政治立场出发"，孙中山主张把黄浦江一填了之，"为国家所有"，"但那个年代，军阀混战，民不聊生，西方列强正在中国瓜分势力范围，引进巨额的外资谈何容易。至于利用土地增值，高价出售，在没有先行资金的支持下，也是空中楼阁式的构想。"（摘自《浦东时报》2017-05-19第11版，《孙中山的东方大港构想当年为何难以实现》，马迁/文）

第三位是鲁迅先生。《中国小说史略》是先生在1924年西安讲学时的讲稿，是其"第一部系统地论述中国小说发展史的专著"。鲁迅先生对陆士谔的《绘图新中国》，作了三个字的评论："皆不称"。后世有评论家认为，这个评价"很有趣"，更有别的评论家"评论"这个"很有趣"，是"语焉不详"。实际上，鲁迅先生斩钉截铁的"皆不称"，表达了他对当年的国事，即政治、外交、经济，乃至文化、科技、教育等国力羸弱及民情悲凉，做出了综合判断："皆不称"者，都不行也。

白云苍狗，岁月荏苒。1931年，上海地方商绅筹建了建桥机构，并与某法国厂商草签协议，准备在董家渡建造一座钢质浮船桥梁，后因当局不予资助，只得作罢。1945年，中国抗战胜利，在有识之士推动下，上海再度成立越江工程委员会，由茅以升、赵祖康等著名专家主持规划，经过3年筹划，完成了3种越江工程方案。当时的国民政府也曾拨款两亿元作为规划、设计经费，但物价飞涨，到头来这两亿元只能买20斤茶叶，造桥计划再次成为泡影。

旧时代，士绅焦虑有心，政府腐败无力，造桥一事始终杳无音信。相隔半个世纪，从20世纪80年代开始，随着上海市经济规模逐年增大，每天过江人流量高达104万人次，车流量达2.2万辆次，上海市民对于在黄浦江上建造大桥的期待，愈发急迫。

"20世纪80年代末、90年代初，上海几乎成了老大难的代名词。尽管上海的工业产值、出口创汇、上缴利税等都居全国第　位。但是，在这座曾经的远东第一大都市里，没有一栋摩天大楼，机场里没有公共电话，指示牌上没有英文说明，菜市场里买不到充足的蔬菜。浦西地区的住房拥挤程度在全国是出了名的。交通太差，市民上下班等车要花两三个小时。人均道路面积全国倒数第一、人均居住面积倒数第一、'三废污染'却是全国第一。

"如何解决老城区拥挤、破旧的问题，当时，海外有位桥梁专家，也是预应力工程理论的研究者及最早实施者，名叫林同炎，绰号'预应力先生'。他写信给时任上海市市长的汪道涵，介绍世界主要城市都是跨河发展，唯独上海的情况是，浦西繁华拥挤，浦东荒凉落后，应该通过开发浦东来带动上海的结构调整。"（摘自《新华每日电讯》2014 年 8 月 22 日，《邓小平与上海南浦大桥》，张天明／文）

开发浦东的第一步，是解决浦西与浦东的"零距离"交通接轨问题，但是，要在黄浦江上架桥绝非易事，必须解决资金问题，并具备相应的设计能力和施工能力。上海市两任市长汪道涵、江泽民，都对此给予了极大的关注。但在黄浦江上建桥，并非上海自己就能够"定盘子"的，上海方需向党中央及国务院汇报，获得原则同意后，再请当年的国家计划委员会来沪进行审查。随后，委托国际工程咨询公司予以评估分析，直至获得"国际"层面评估通过，国家计划委员会才会给予正式批复。

1985 年 11 月，时任上海市市长江泽民向国务院提出，采取基础设施、工企、第三产业项目捆在一起的方式，引进外资 32 亿美元。1986 年 8 月，《国务院关于上海扩大利用外资规模的批算》原则批准上海采取计划单列、自借自还的方式筹集外资，简称"94 专项"。当年 9 月，上海市市长办公会议决定，成立上海市利用外资领导小组，"32 亿美元中的 14 亿用于地铁一号线、苏州河污水处理工程、南浦大桥、市内电话扩容、虹桥机场改造等 5 个城建项目"。这是上海市政府第一次正式以文件形式宣示，确定要建造黄浦江大桥。

这世界上最难的事情，莫过于二字：借钱。在 1986 年、1987 年间，上海市政府致力于完成这个最难的事情，通过"自借自还"的方式筹集外资。面对中国这一新兴的巨大市场，尤其是上海这个市场，"近邻"的日本专家表示，日方愿意提供贷款，还可以免费为南浦大桥进行设计，但条件是工程施工也须由日方承担，"工程要价之高，足可以建造两座南浦大桥"。

天下没有免费的午餐，日方这一看似支援实为封锁加勒索的条件，让上海的业界同行愤懑不已，甚至有市民就此给时任上海市市长江泽民写了一封信。1987 年 9 月下旬，江泽民在信上批示："我看主意应该定了，就以中国人为主设计，集思广益。"这一决策，就此揭开了中国人自主设计建造大桥的崭新篇章。

1988年5月12日，时任上海市市长朱镕基在上海市外国投资工作委员会第一次会议上作讲话："浦东与旧城区不发生联系，我要你这个浦东干什么？上海将来的希望主要在浦东"，"振兴上海的希望很大程度寄托在市外国投资工作委员会这个机构上；要下决心投入力量，把最强的干部调到这个机构来，一下子搞上去，改变上海在外界的形象和信誉"。

同年7月23日，朱镕基听取时任上海市副市长倪天增汇报后讲话："开发浦东，首先要抓大交通和基础设施建设。南码头黄浦江大桥今年一定要动工，开工仪式要大张旗鼓。"（摘自《朱镕基上海讲话实录》，人民出版社、上海人民出版社联合出版，2013年8月，P141，有删减）

最难的"借钱"之事，直至1988年10月21日，在朱镕基会见时任世界银行中国局局长沙希德·贾维德·伯基的讲话中，才揭开了谜底：南码头黄浦江大桥工程本来和日本合作，后来谈判中断，一度找不到贷款对象。1988年4月找到亚洲开发银行，他们同意大桥今年先开工，贷款手续慢慢再办，这种做法绝无仅有，对上海是很大的支持。

先期拿钱，缓办手续，这里的"抵押物"是中国改革开放不可逆转的历史进程和坚定意志。

也就是在这个紧锣密鼓的1988年，上海市政府指令上海市政工程设计院，在总结重庆嘉陵江石门大桥的设计理念和施工经验基础上，做一个建造黄浦江大桥的可行性报告。作为总工程师的林元培，对这个可行性报告作了审稿，他提笔加了一句话："在中国今天设计包括施工400米的斜拉桥是可能的。"

当年的林元培是"想了好几天，回答了三个要点问题"，他才写上了"在中国今天设计包括施工400米的斜拉桥是可能的"这句话。首先是跨度问题，已经做过斜拉桥的实验桥泖港大桥，跨度200米；

430 米的重庆嘉陵江石门大桥的设计建造，也是成功的，现在黄浦江大桥的跨度超过 400 米，在上海已经有实践经验了，可以从容应对。第二点是关于软土地基的沉降问题，对于计划要做的黄浦江大桥，桥型很大，沉降也会很大。而大桥位于市中心区域，旁边要建造高楼，桥上行车数不胜数，如果桥基沉下去，高楼发生倾斜，那是要出大事的。而在恒丰北路铁路桥的实地试验中，坚持打深桩，到达 76 米深的硬土层，获得了上海软土层钢管桩基础的深度数据，这是很可靠的。第三点，是锚头和拉索的问题。当初泖港大桥所使用拉索，因进口锚头拉索价格昂贵，便自己设计制作了一款，虽可以使用但仍与目标水平有较大差距；设计恒丰北路桥时，已经做了改进，设计出来的锚头"接近国际水平"。

林元培因此做出结论：重庆嘉陵江石门大桥解决了主跨长度问题，恒丰北路斜拉桥解决了软土地基钢管桩深度问题，泖港大桥和恒丰北路斜拉桥解决了拉索锚头问题。所以，"在中国今天设计包括施工 400 米的斜拉桥是可能的"。

在 1988 年的 10 月，朱镕基就说得非常清楚了："我还是主张修桥，而且技术上的问题也是可以解决的。当然，这个问题还有时间继续论证，我们要经过充分比较后再做出决定。"（摘自《朱镕基上海讲话实录》，人民出版社、上海人民出版社联合出版，2013 年 8 月，P215，有删减）

林元培自感压力很大，困难重重，但是他心中有数：市里是很支持我的，自己无非就是再吃力一点。

第十二章

"根据市政府批示，南浦大桥的
主体设计由市政设计院牵头"

"天将降大任于是人也",此"天降大任"已然既定,根据加速开发、开放浦东的需要,上海市政府决定兴建南浦大桥,并对建设期限做出决定:南浦大桥在1989年"必须开工",三年内建成通车,"后墙不倒"。至于"是人",不止一家,实为多家实力雄厚的设计单位竞相角逐,更有甚者,已然先行挖走不少上海市政工程设计院的资深技术人员,其"组阁"之意和必得之势,早早昭示天下。

黄浦江上的首座大桥被命名为南浦大桥,该桥的浦西落地点位于南市区,因此得名。后来,杨浦区和卢湾区(2011年建制撤销,并入黄浦区)的跨江大桥依此类推,分别命名为杨浦大桥和卢浦大桥。对于南浦大桥的设计,林元培已然有所构想,也相信:我们上海市政工程设计院"完全有能力"担此重任。只是,对于"是人",南浦大桥的最终设计者花落谁家,这不是林元培能够决定的,也不是任何势在必得者说了就算的。

对于大桥设计牵头人、责任担当者的选定,当年的南浦大桥建桥指挥部总指挥朱志豪,在访谈中作了解答:

"南浦大桥共有6个设计院参加,我想参加单位多无所谓,但是总要有个龙头,群龙无首岂不是乱套了?那谁来当头呢?当时,真正比较厉害的一个是上海市政工程设计院,它是国家一级设计院。牵头设计单位要负责其他5家设计院的图纸的审查工作,设计方面出了问题,我就找牵头单位。"

"我在报告中提出,市政设计院曾经建造过松江泖港大桥、恒丰北路斜拉桥,具有实践经验。最后根据市里的批示,南浦大桥的主体设计由市政设计院牵头。"(摘自《黄浦江大桥》,上海文艺出版集团,2011年6月,P47,有删减)

这段回忆录的文字,权威地记录下了当年上海市委和市政府决定,"南浦大桥的主体设计由市政设计院牵头",这也就是对上海市政工程设计院总工程师林元培投了信任票,表示了最大的期待,其他单位或个人摆到了"被牵头"的位置。

最终确定的建桥方案，需要经过投标确定。具体地讲，就是由专家评审委员会匿名投票予以决定。因为上海市政府已经明确批示决定，大桥的主体设计交给上海市政工程设计院来做，故未有其他单位参与投标。那家挖走上海市政工程设计院桥梁骨干的单位，同样没有参与投标。南浦大桥的投标评审，实际只有上海市政工程设计院一家参与评审；但既然是"评选"，那上海市政工程设计院就须提交两个方案，仅一个方案则无异于"没得选"。上海市政工程设计院的两个方案，均由林元培总工程师亲自操刀设计。

林元培作为受评对象，至今未曾打听过专家委员会里"有谁"。

林元培做了两套方案：其一，是以嘉陵江石门大桥为原型做的斜拉桥方案，该桥他刚成功设计并建成。作为桥梁总工程师，他希望自己拿出来的方案，是经过实践验证、富有经验的方案，自己对其有充分的把握。其二，是叠合梁斜拉桥，他严格按照要求做了设计，但个人更倾向以石门大桥为原型的斜拉桥方案。

第一个斜拉桥方案采用混凝土桥面，而第二个方案的叠合梁桥面，则是由钢结构与混凝土组合的，参照建筑物是加拿大的安纳西斯桥，该桥的叠合梁跨度是 465 米，而南浦大桥只需 423 米即可满足要求。尽管林元培没有直接做过叠合梁，但他在钢结构领域的丰富经验为此次设计奠定了坚实基础，并对此有充足的把握。

此次评审会，实际上是对林元培方案的二选一，最后经专家委员会评审投票，部分专家投票给第一方案，但多数选了第二个叠合梁方案。评审专家们觉得，钢结构与混凝土叠合梁斜拉桥是当时国际上新兴的桥梁结构，"外国的这个新结构很好"。鉴于专家组的多数票选定了第二方案，作为设计总工程师，林元培决定采纳，而且必须做成功，"外国人能做，我们也能做"。

当时，上海市政工程设计院曾经派遣工程师前往加拿大进行实地学习，因护照到期，该工程师在安纳西斯桥尚未竣工之际便返回了国内。因此，安纳西斯桥后续出现的裂缝问题，他并未亲眼目睹。这直接导致在讨论方案的时候，裂缝这方面的问题被忽略。

在林元培做完南浦大桥设计方案后，1988年12月15日，浦东的工地上，打桩机打下了建桥的第一根钢管桩。也就是在开始施工的同时，国外的钢材供应方邀请上海市政工程设计院再次派员前往加拿大考察安纳西斯桥，并承诺承担全部费用。上海市政工程设计院随即派遣技术员飞往加拿大，深入大桥工地进行踏勘。技术员很快给上海的林元培打越洋电话，口吻焦急："林总，那个桥出了好多裂缝啊。"林元培闻言，大吃一惊："你说的是什么？"同事再次确认："很清楚的，这桥就是有很多裂缝，要不要给你看照片？"当年还没有电脑传图，当装有照片的国际快递邮件寄到上海，林元培打开一看，"立刻知道问题很严重"。

林元培这样回忆当年的情景："简单来说，桥面叠合梁上面是混凝土桥面，桥面下方是接头销钉，这一根根销钉大概有二十几厘米长，直径是22毫米。当桥面销钉与焊在钢梁上的接头互相连接，混凝土叠合梁与桥面就结合成一体了。而桥面一旦出现裂缝，里面的销钉暴露在风吹雨打之下，日积月累就会生锈，等到销钉锈蚀不起作用，甚至生锈断掉，这个桥就垮了。本来规定使用一百年的大桥，可能因为销钉生锈二十年就坍塌了。如果南浦大桥也如安纳西斯桥一样多处出现裂缝，那我这个总设计师怎么来交代这件事情？"

"当时我的着急和焦虑根本无法用语言形容。我立刻向单位打报告，要在第一时间赶往加拿大。那时正值春节，我也根本顾不上了。飞到温哥华，再赶到安纳西斯桥上，爬上爬下仔细观察，用照相机从不同角度将桥上100多条裂缝全部拍摄下来。然后我前往安纳西斯大桥的设计公司。当时上海决定做叠合梁斜拉桥结构，这家设计公司曾与我们打过交道，主动联络并提出愿意承担南浦大桥的修建，被我们婉拒了。一进那个公司的大门，我就说找你们的老板，请他跟我们谈谈大桥裂缝究竟是怎么回事。这个老板曾携女儿来过上海，进行考察之余，顺道旅游，还请我吃过饭。尽管他亲自接待了我，但负责设计该桥梁的总工程师泰勒到伦敦休假去了，这个老板也只能跟我讲个大概，说不到点子上。鉴于时间紧迫，无奈之下，只得告辞，无功而返。"

林元培回忆起当时的情形，那份焦灼依然鲜明如昨。桥桩已经打下去了，承台也做出来了，不能动了，只能在此基础上，自己迎难而上，寻找解决的办法。回国后，林元培把自己关在客厅里，翻看实地拍摄的幻灯片，仔细研究那一道道触目惊心的裂缝，力求找到化解之法。林元培和设计人员经过反复研究，最终确定了四个造成裂缝的原因，有构造上的缺欠，也有施工工艺的毛病。

这四种造成裂缝的原因及其应对措施具体如下：第一，在构造设计方面，安纳西斯桥是混凝土叠合梁，两种不同的建筑材料的衔接锚点成为关键。一旦受力，便可能会出现钢结构虽能够承受但混凝土却承受不了的情况，带来了很大的隐患。林元培思考，可以将锚点挪到钢梁的腹板上，远离混凝土桥面，以此减少钢结构受力后对桥面的传递，从而有效缓解问题。

第二，施工环节上，安纳西斯桥在施工时吊机离节点过近，导致钢梁吊装时，桥面板承受过大压力。为解决此问题，林元培团队在吊机前增设一个辅助的三脚架，通过三脚架将施工时的力量传到后方结构上，从而减轻桥面节点的受力。

第三，在安纳西斯桥的桥面中间，有条纵向的长裂缝，其形成原因是桥面中间在行车时形成的反向应力。可采取从下面把桥面顶起来，浇筑加固后再恢复原位的方式，形成天然的横向预应力，防止裂缝的进一步扩展。

第四，针对桥跨缺少纵向预应力的问题，可采取在桥面板中间纵向预留孔洞，以此增加纵向预应力的方式，从而增强桥梁整体强度。

林元培在总结出以上四点原因及应对措施后，仍没有丝毫放松，每天都在思考这些措施的有效性。他感慨："那个时候，我们每天要出一批新的图纸，将那些有可能出现裂缝的地方改掉。工地上急得要命，每天都在催图纸快点、再快点出来。"

设计图纸"改版"，林元培与他的同事们在日夜赶制新图纸，但是工地进度刻不容缓，"停工"消息即刻传到市政府。当日，满脑子"这样改究竟行不行"的林元培，接到一个从康平路办公厅打来的电话：请你立刻到市政府来。

这个市政府办公厅的电话，不是通过院领导或院总机里转过来的，而是直接打到林元培的办公桌上。他心里晓得，"有事情了"。

林元培赶到康平路，进办公室的门，就看见时任上海市委书记、上海市市长朱镕基一个人，坐在那里，等他。

第十三章

"一对一"谈话，朱镕基说："老林啊，你有没有把握啊？有多少把握？"

时任上海市市长朱镕基独自坐在办公室里，见到林元培赶来，开口问了一句话：老林啊，你有没有把握啊？有多少把握？

林元培简要汇报了加拿大安纳西斯桥的裂缝情况，并指出当下赶制新图纸所面临的巨大压力；接着，林元培对朱镕基表态说：我不敢说有百分之百的把握，因为 423 米的斜拉桥我从来没做过的，这意味着存在约百分之二十的风险；但面对这百分之二十的风险，我会用百分之一百二十的努力，无论如何把它解决掉。

朱镕基坐在那里，再没有说一句话，以"沉默"表达了他的态度。秘书进门，提醒朱市长开会，他便起身离去。朱镕基没有说"继续做"，但是也没有讲"停下来"。

林元培当时虽知道朱镕基"非常着急"，却无从知晓，市长面见他的"这一段时间"，中国改革开放的总设计师邓小平就在上海，住在西郊宾馆里，可谓近在咫尺，且已与朱镕基多次谈到了"加速开发浦东"的事情。

1990 年 1 月 27 日，正值中国农历春节，一周前的 1990 年 1 月 20 日，邓小平离京并在同年 1 月 21 日抵沪。大年初一上午，时任中共上海市委书记、上海市市长的朱镕基来给邓小平拜年，话题很快落到了浦东的开发建设上。邓小平的回答是，赶快将计划上呈中央，"不用怕，报嘛"。

过完春节，朱镕基再一次面见邓小平，邓小平鼓励说："我一贯主张胆子要放大，这十年以来，我就是一直在那里鼓吹要开放，要胆子大一点，没什么可怕的，没什么了不起。因此，我是赞成你们浦东开发的。"

1990 年 2 月 17 日，邓小平在北京，对江泽民、李鹏等中央领导同志说："我已经退下来了，但还有一件事要说一下，那就是上海的浦东开发，你们要多关心。""我本来是不管事的，我现在要说话，上海要开发。""上海是我们的王牌，把上海搞起来是一条捷径！"

林元培日夜赶工、修改图纸之日，也正是邓小平数次对朱镕基耳提面命之时："上海开发晚了，要努力干啊！"作为上海市委书记兼市长的朱镕基，眼前是蓝图，肩上负重担，手里亟待处理的事情千头万绪，而南浦大桥的设计建设，这一枚在开发开放浦东大局中首当其冲的关键棋子，此刻却在"停工待图"。中央的议程已经确定，在其后1990年4月召开的中共中央政治局会议上，议决通过浦东开发开放的决策；同年6月，中共中央、国务院将正式发出《关于开发和开放浦东问题的批复》。这一切中央最高层的决策，朱镕基了然于胸，但是在中央尚未公布或公示之前，任何人无权公开。

当时，作为上海市委、市政府第一把手的朱镕基，他对林元培的发问，只是点到为止，也只能到此为止。没有人可以推测，也没有人可以确定，当时朱镕基的心中究竟有多少"千言万语"，他肯定有更多的话要说，但必须"欲言又止"。

听话听音，当年在康平路办公室，朱镕基与林元培一对一的对话，也就只说了一句，只此一句，也就够了。也许，没有态度的"态度"，就是最大的态度。朱镕基与林元培的无言告别，为古诗"此时无声胜有声"作了最佳的诠释。

林元培即刻赶回上海市政工程设计院，马上向院领导作汇报。但此事的确颇为棘手，鉴于南浦大桥的现状，究竟是应当继续推进还是暂时搁置，成了一个难题。林元培回忆道，朱镕基就是问了一句话，并未当场表态，但是他"也没有说你不要做了"，这可以理解为没有中止项目的意思，"我是这样理解的，他没有说你不要做了，就是允许你继续做下去"。

在上海南浦大桥工地

林元培跟院领导这样说：这是市里面的"默许"，我们要抓紧抓实这个机会，继续做，赶快做，越快越好，而且只能做好。

与南浦大桥同类型的安纳西斯桥主桥建造，整整用了三年的时间，而南浦大桥的目标是在三年内建成通车。林元培深知，国外叠合梁斜拉桥出现开裂问题，但作为黄浦江上的第一座大桥，南浦大桥必须做到零裂缝。当时赶制新图纸的工作压力很大，但他最大的担心是，这样的改动能否真正做到彻底消除裂缝隐患？在中国，工程项目设计实行终身负责制，作为南浦大桥建设方案的总设计师，他既然接受了采用叠合梁斜拉桥结构的投票决议，便肩负起了不可推卸的责任。尽管朱镕基当面问话，自己也作了"百分之一百二十努力"的承诺，但林元培内心深处仍不免忐忑，质疑自己这样改动是否行之有效。幸而，实践证明了改动的成功，他才放下心来。

南浦大桥总投资 8.2 亿元人民币，造价比外国专家的报价减少一半，通过了亚洲开发银行委派的国外专家的设计审查。作为大桥设计总工程师的林元培，不仅要解决大桥裂缝的问题，还要顾及具体的施工事情，确保各项工作无缝对接。

"在桥梁的设计过程中，林元培还要考虑实地施工的问题：第一，要考虑实际施工是否方便。倘若施工复杂，时间拖得很长，必然不能按时建成。第二，施工不但要简单，而且要便于养护。桥梁建成之后，需要持续不断地养护几十年。第三，最要紧的是桥梁使用寿命要长，国际通用的标准是一百年。并且在保证使用年限的同时，还要兼顾费用。先进的材料使用时间长，但是如果投入造价过高，就不适合于当时的社会经济条件。例如耐候钢，表面不需涂漆，耐用时间久，但价格昂贵超标，在成本方面无法达到要求。总设计师在考虑设计问题的时候，需要兼顾各个方面，包括材料的价格、性能、质量等。在美学上也有要求。南浦大桥体量很大，一跨就是 400 多米，它又是这么高，所以越是庞然大物，设计要求就越是要结构简洁，不能繁复杂乱；繁复杂乱的结构一定笨重，而结构简洁就一定比较轻巧。在设计的过程中，可以简单的尽量简单，不要"啰嗦"。用一种比喻的说法，就是不要胖，可以瘦的尽量瘦。简洁、轻巧、线形流畅，这种设计理念后来在杨浦大桥也有所体现。"（摘自《黄浦江大桥》，上海文艺出版集团，2011年6月，P76，有删改）

1991年2月18日，再次来到上海过春节的邓小平提出，要看看南浦大桥的建设情况。据当时陪同的同志回忆，"老人家非常希望到浦东去看，但是当时浦东条件比较差，桥墩的两边都是煤场，风一刮都是煤灰，环境确实不太理想"；当时的南浦大桥又正处于紧张的施工状态，出于桥面安全等多方面因素的慎重考虑，就决定在浦西一侧观桥。南浦大桥的浦西引桥，正好造在南码头的摆渡口，邓小平就站在浦西南码头的浮桥上，驻足"看了一会儿"。

就在临江视察的这一天，上海市领导同志请他为在建的南浦大桥题字，邓小平欣然同意。

1991年4月26日，美国著名桥梁结构权威、美国达士工程顾问有限公司（DRC Consultants, Inc.）总工程师邓文中先生写信给大桥指挥部："看到南浦大桥成功的建造，使我感到很兴奋。我觉得这充

1991年建成上海南浦大桥

分说明中国人潜力很大，可以参与和完成世界上任何工程项目。"

1991年6月20日，南浦大桥铺上了最后一块桥面板。同年11月19日，为纪念南浦大桥建成，上海市邮票公司发行26纪念封1枚，并刻制纪念邮戳1枚。1991年12月1日，上海第一座跨越黄浦江的大桥正式通车，汽车从浦西的中山南路驶向浦东南路，全程只需7分钟。

南浦大桥顺利竣工，结构稳定，未见裂缝。依据国家规定，国内大型桥梁建成二十年后要进行质量大检查。在2011年的时候，南浦大桥接受质量检查，检查的结果：很好。

1992年1月31日，邓小平第五次在春节期间来到上海，并于同年2月7日登上已经完工的南浦大桥。陪同视察的同志向邓小平介绍道："您现在距离黄浦江江面有58米。"邓小平听完饶有兴趣地问道："那这座桥现在是不是世界第一呀？"陪同的同志回答：不是第一，是世界第三；第一在加拿大，跨度是465米，第二在印度的加尔各答，跨度是457米；我们是423米，是老三。

当邓小平看到一年前自己题写的"南浦大桥"四个字高悬于大桥的桥塔之上时，他幽默地讲道："看来我为大桥题的字，并没有给大桥丢丑呀。"这一番话令周边的工作人员不约而同地笑了起来。看到南浦大桥建设顺利，邓小平兴致很高，并在大桥上留影。

在施工工地上，邓小平向寒风中的建筑工人们招手示意，并鼓励道："你们是中国工人阶级的楷模，应该向你们学习！"

上海百姓翘首企盼，浦江两岸一桥飞越。南浦大桥是中国首次自主建造的超大跨度桥梁，长8.5千米，主跨423米，在当时世界的同类型桥梁中，跨度名列第三；南浦大桥工程填补了中国桥梁设计界的空白，获得1995年度国家科学技术进步奖一等奖。国际同行充分肯定了林元培从理论到实践对叠合梁斜拉桥做出的突出贡献。日本的桥梁专家伊藤学教授在参观了南浦大桥后，十分感慨地说："我们本来以为中国工程师不敢自主建设这一工程，但你们完成了，而且做得很好。一旦你们会了，我们就很难竞争。"

1993 年 12 月 1 日，为纪念南浦大桥正式通车，上海市邮电管理局发行邮政明信片 1 枚，刻制纪念邮戳 1 枚。

2021 年，林元培接受采访，谈及当年设计南浦大桥的经历，被问到"哪些事情让你难以忘怀？"林元培回忆说：难忘的回忆当属南浦大桥。当我得知安纳西斯桥出现裂缝的时候，南浦大桥已无路可退，必须面对问题。这一段经历对我来说，真可以说是死里逃生。我当时辗转反侧，不断自问：南浦大桥能不能从绝路里走出来？建设南浦大桥虽不是什么了不起的事情，但是我所承担的风险是巨大的。幸运的是，我们最终成功地走出了这条绝路。这是我一生中印象最深刻的事情，那时的情景时至今日依然历历在目，这个过程太痛苦了。

林元培还谈及当年与朱镕基的那次见面，他说："当年的报纸、电台、电视台有过报道，但都是写得很简单的，那次见面的原因、具体情景，以及院里后来怎样讨论决定，我以前都没有说过。我知道，这是一对一的谈话，当年造桥时面对记者采访，有哪些话能讲，有哪些话不能讲，我更明白，当时最要紧的事情是要赶快造桥，话讲得多了会有问题，话讲过头了更是个问题。南浦大桥就是这样，修改设计图纸，最后一做到底。"

第 十 四 章

杨浦大桥通车，邓小平作诗
"喜看今日路，胜读十年书"，
并问：这座桥的总设计师呢？

当林元培正经历南浦大桥"痛苦"之际，杨浦大桥的设计任务也悄然被提上日程。1990 年 4 月 8 日，时任上海市委书记、上海市市长朱镕基讲话时说："开发浦东首先要解决过江交通问题。明年年底，南浦大桥就可以通车。明年再开工造一座大桥，也是两年建成，1993 年通车。"（摘自《朱镕基上海讲话实录》，人民出版社，2013 年 8 月，P454，有删减）

1990 年 9 月 20 日，国家计划委员会正式批复上海市："为在'八五'期间形成浦东开发的起步条件，解决浦东、浦西间的越江交通问题，同意建设杨浦大桥。"

南浦大桥铺上最后一块桥面板的日子，是 1991 年 6 月 20 日，杨浦大桥打下第一根钢管桩的时间，是 1991 年 5 月 1 日。这两个时间节点的重合，意味着当南浦大桥的两岸桥面还在彼此相望而未及"勾连"的时候，杨浦大桥就已经施工了。

1992 年 6 月 2 日，邓小平为上海杨浦大桥题名。改革开放总设计师的题名，是一道最明确的强力催进的命令。鉴于杨浦区是上海东北部的工业区，早晚高峰时段的交通流量很大，上海市政府迅速决策，杨浦大桥要赶快"上马"。杨浦大桥的设计任务同样交给了上海市政工程设计院，总设计师一职则继续由林元培承担。

基于南浦大桥设计和建设所获取的宝贵经验，林元培决定杨浦大桥依然采用叠合梁结构。不过，面对黄浦江上两个不同的过江地点，他必须要考虑的，是这两座大桥之间的差异与特点。

林元培首先遭遇了一个"传统理论问题"。桥梁设计的首要前提，在于计算出桥梁的内力，在设计跨度超过 400 米的南浦大桥时，他就发现，传统理论的内力计算数据同桥梁的实际内力存在偏差，桥梁跨度越大，偏差也就越大。主跨 602 米的杨浦大桥，比南浦大桥增加了 179 米，如此巨大的尺寸变化，会引起一系列的数据质变。杨浦大桥是当年世界斜拉桥的第一跨度，前人未曾有过如此规模的实践，自然也就没有相应的内力计算的理论概括。这个"前无古人"的第一步，只能由设计者在实践中予以解决。

林元培"慎重地考虑了很久"。他拥有的数学知识给工作带来了很大帮助，他独立推导公式，编写程序，确立崭新的公式程序计算数据，把"初始内力较大桥梁的稳定性问题解决过关了"。

林元培创造性地提出的一个全新理论，即"适用于一切空间结构而不囿于桥梁的'空间结构稳定理论'"。事后，有外国专家采用传统理论试做杨浦大桥的设计方案，并将其与"林氏稳定理论"计算的方案相比较，内力计算偏差竟达 62%，结构刚度存在明显不足。杨浦大桥的设计和建造成功，用实践证实了林元培为桥梁理论做出的最新贡献。

在解决了杨浦大桥的内力理论问题后，林元培紧接着遇到的，就是大桥的具体设计及现实施工问题。

林元培深思熟虑，鉴于南浦大桥的设计与施工都是成功的，他首先考虑直接照搬南浦大桥设计的可能性。为此，他做了两种方案：第一种方案，如果照搬南浦大桥的设计，杨浦大桥仅设一个桥墩，也就是有一只脚落在黄浦江中。那就会出现一个大问题：黄浦江里的运输船只很多，而且多数是大船，非常可能发生冲撞桥墩的事故，一旦发生，只能导致船只倾覆或桥墩损坏。此方案虽对建桥本身较为稳妥，但却给日后的江面运输埋下安全隐患。第二种方案，就是一跨过江。

面对这两种方案的取舍，林元培陷入沉思。如果单纯求稳，采用第一种方案，虽能确保建设顺利但会留下通航的安全隐患，自己也会有深深的遗憾；采用第二种方案，虽然需承担巨大的风险，但保证了以后江面上的畅通无阻。最终，林元培下定决心，要么不造，要造就要造最好的桥，他毅然选择了风险较大但最为合理的 602 米造桥方案。

相较于南浦大桥的 423 米跨度，杨浦大桥增加到 602 米，对其抗风能力提出了更高要求。一般而言，上海的风力最大达到每秒 40 米，据此数据，南浦大桥所设计的抗风能力是每秒 57 米；这意味着风速一旦超过每秒 57 米，大桥可能会面临安全挑战。杨浦大桥的跨度较南浦大桥增加了 179 米，因此必须采取措施，以获得更强的抗风能力。在设计过程中，林元培通过改变塔形来达到提高抗风能力的效果，南浦大桥是"H"形，钢索集中在两个塔墩上；而杨浦大桥采用多角钻石形塔，钢索集中在一个塔上，且斜拉索从平面布置改成空间索面布置，从而显著提高抗风能力，至少可抵抗每秒 90 米的风力。大桥锚箱也根据钢梁断面的改变，作出了全新的设计。

然而，杨浦大桥一跨过江，主跨长度增加了 179 米，给实地施工带来了一个令人担心的现实问题：施工机械臂需要伸得很长，这增加了失去稳定性的风险。关于施工臂的长度计算，由于没有现成的公式，林元培亲自推导计算施工臂长度的公式并加以计算，得出的结果是稳定的，方可施工操作。

林元培一直是这样讲的：理论上没有什么问题，那么就要勇敢地去实践，要尽力去做。

杨浦大桥的建设资金来源于亚洲开发银行的贷款，当林元培提出的第二方案，引起了亚洲开发银行的"质疑"：当时斜拉桥跨度的世界纪录只有 500 米，而杨浦大桥前所未有的 600 多米，创造了新的世界纪录，一旦项目失败，资金回收就会出现问题。为确认情况，银行自掏腰包，花了几十万美元，邀请 5 位国外一流的专家组成评审团赶赴上海，考察与审评林元培第二个方案的可行性，确保投资安全。

1992 年 8 月，5 位外国专家抵达上海。第一位是专家组组长史文森，作为德国一家著名设计事务所的经理，他是世界上第一座斜拉桥的设计师，是斜拉桥欧洲流派及北美流派的代表人物，对斜拉桥具有权威发言权。第二位是美国联邦政府公路运输部总工程师伯特尔尼博士，他掌管全美的桥梁设计与建造。第三位是日本东京大学教授西野，在上海市政工程设计院设计沪港大桥时，曾来上海实地踏勘。西野此次还带有一个助手同行，目的"就是把杨浦大桥关键部位的设计

与亚洲开发银行官员合影

1993 年建成上海杨浦大桥

重新算一遍"。第四位是华裔美国国家工程院院士邓文中。第五位是葡萄牙专家，他负责审查大桥的细部设计，桥再大，如果细部做得不好，同样要出大问题。

由这五位成员组成的外国专家组来做审查，他们考察现场，避免不了与大家面对面地"交锋"，唇枪舌剑，讨论直接核心，若你林元培今天回答不出来，便约定明天再来答复。就是这样的翻来覆去，直至所有问题都得到圆满解答，专家才会出具书面结论。

审查过程历时十几天，外国专家组的审评结论是："杨浦大桥的设计不仅在技术上是合理的，而且它代表了桥梁工艺的一个杰出进步。"在当年，世界上未曾做到的 600 米跨度，被林元培在杨浦大桥上成功实现，这无异于创造了新纪录，彰显了杰出进步。德国斜拉桥领域的权威史文森的比喻更为精彩，他说："一个发展中国家能够在短时间内建造一座创造世界纪录的斜拉桥，这好比在奥运会上获得半打金牌。"

往昔，林元培的设计图曾一度摆在办公桌上，无法开工；而随着亚洲开发银行的认可，杨浦大桥就此正式启动建造。

1992 年 9 月，林元培马不停蹄赶去纽约，参加国际桥梁会议。作为斜拉桥中国流派的代表，他第一次在国际桥梁会议的讲台上，向与会的近百名世界各国桥梁设计巨匠们，清晰阐述了他对上海"南浦""杨浦"两座斜拉桥的设计理论，并描绘了中国斜拉桥的发展前景。他的发言赢得了全场的热烈掌声，与会专家们称赞："Excellent，Excellent（杰出的、优秀的）！"有位外国朋友这么说："中国的杨浦大桥现在已和中国的长城一样出名。"

1993 年 4 月 8 日，黄浦江上的第二座大桥——杨浦大桥合龙；同年 10 月 23 日，杨浦大桥通车运营。上海浦东新区邮票分公司于 1993 年 9 月 25 日发行"杨浦大桥建成纪念"纪念封 1 枚，纪念章 1 枚，并刻制纪念邮戳 1 枚。

举行杨浦大桥通车庆典的那一天，时任中共中央政治局常委、国务院副总理的朱镕基专程飞抵上海，亲临大桥参加典礼。朱镕基与大桥的建设功臣代表一一握手，当走到林元培的面前时，特意停下脚步，与他握手，朱镕基对林元培说："老林啊，时势造英雄，你现在是出了大名了，今后还要做到国外去。"

当时的林元培心里很激动，有点语塞，讲不出更多的话来，只是不住地点头，连连说："是，是。"

林元培的心中，一直保持着高度的清醒，设计黄浦江上这两座大桥的，是整个专家团队，自己有幸被推选总设计师，肩头挂上了一个"总"字，便意味着要多操心，多承担责任，最后敢于做出决策。毕竟，一个人本事再大，也难以独立承担设计一座世界级大桥的重任。

对于南浦大桥，林元培经历了"太痛苦的过程"，而杨浦大桥的设计建成，则成为了林元培人生中最激动的时刻，因为他"证明了自己，也为国家赢得了荣誉"。

通车当夜，素来滴酒不沾的林元培，在家中破天荒端起一小杯花雕酒，笑吟吟地与家人一饮而尽，享受人伦欢乐，同庆大桥通车。

通车当年的 12 月 13 日，邓小平来到杨浦大桥视察。当天风大雨密，小平坚持下车。邓小平曾经问起过，南浦大桥的长度是不是"世界第一"，得到的回答是"世界第三"，他没有回话；这次，陪同的同志主动告诉小平同志，"现在的桥面距江面有 62 米，比南浦大桥更高，且质量也更胜一筹，是当今世界上同类型斜拉桥的第一名"。年近九旬的邓小平说：这是上海工人阶级的胜利，要感谢参加大桥建设的工程技术干部，要感谢参加大桥建设的职工，"我向上海工人阶级致敬！"

杨浦大桥的跨度创下了世界纪录，吸引了众多国家专家的参观学习，国内各大学也纷纷邀请林元培去讲课。彼时香港正筹备建造两座桥——一座斜拉桥，一座悬索桥，

上海杨浦大桥建成留影

香港理工大学的土木系主任邀请他前往香港授课，分享上海在斜拉桥建设方面的经验。然而，林元培此行赴港讲学，却就此为自己留下了一个遗憾。

　　林元培回忆道："那一天，小平同志来杨浦大桥视察。当时他问了一句话：这座桥的总设计师呢？只可惜，我当时正好在香港理工大学讲课，不在上海。所以，小平同志问出这句话后，自然也没有人来应答。小平同志的行程安排是绝密的，他要见什么人、说什么话，事先谁都不知道。小平同志的这句话，是我回到上海后，当时在场同志转告给我的。如果我当时在场，能够与小平同志见面，那真是太好了。这个事情我实在感到太遗憾了。"

第十五章

接力棒总要交出去的，
年轻人接班"徐浦大桥总设计负责人"

1994 年出版的第一期《人民画报》封面，刊出的就是前一年刚刚通车的上海杨浦大桥，其首篇图文报道即《世界第一斜拉桥——上海杨浦大桥》。文中照片的文字说明是：杨浦大桥总设计师林元培亲自指挥建桥工程。

紧随其后的第二篇报道，是时任上海市市长黄菊的署名文章《迈向现代化国际大都市的上海》，文中写道：上海，是我国最大的经济中心城市。在探索社会主义市场经济的大变革时代，上海在全国改革开放和未来发展中的战略地位与作用已日益重要。上海正抓住机遇，向着国际化大都市的目标奋进。

这篇报道的配图，是当时已经通车三年的上海南浦大桥。

1994 年，正在设计世界第一主跨长度 865 米的法国诺曼底大桥总设计师，专程赴上海踏勘杨浦大桥。此次交流中，法国桥梁的总设计师与中国桥梁的总设计师会面，并诚挚邀请林元培出席在诺曼底召开的世界桥梁会议，并特约他在大会上作报告，介绍中国的斜拉桥设计与建设，重点介绍上海杨浦大桥的辉煌成就。

会议当天下午，林元培前往正在施工的跨度 865 米的世界第一斜拉桥工地。彼时中国 600 米的杨浦大桥斜拉桥已打破了世界纪录，而法国正在建造中的 865 米又打破了中国纪录。在参观过程中，法国方面展现出开放的态度，鼓励林元培提出宝贵意见。

在工地上，林元培观察到法国斜拉桥的边跨采用混凝土构建，且该塔的边跨，一边在陆地上，另一边在水上。而上海南浦大桥、杨浦大桥的中跨为叠合梁结构，边跨亦然，林元培对诺曼底大桥的边跨使用混凝土的设计印象深刻，认为这种设计工艺先进，有效降低成本，且施工也更方便，值得自己学习借鉴。

国际桥梁会议结束，法国主办方邀请与会者参观在第二次世界大战中举世闻名的诺曼底海滩。诺曼底（法文：Normandie）是法国一个行政区，在第二次世界大战中，英美盟军为开辟第二战场，选定 1944 年 6 月 6 日作为登陆日（D-Day），集结 39 个师共 288 万人，飞机约 15700 架，各种船只 6000 多艘，于拂晓时分在诺曼底海滩发起猛烈攻击，部队强行登陆。今天的诺曼底登陆海滩上，建有无数的纪念碑、烈士墓和博物馆。

林元培伫立于这片海滩之上，聆听法国解说员的介绍，每年无数军人家属，会从他们自己的国家来到这里，哀悼当年牺牲的亲人；很多墓碑前摆有祭奠的鲜花。林元培非常感慨，那些年轻的生命，正值青春年华，便踏上战场，历经生死考验，最终牺牲在这里，再也无法踏上归途。在诺曼底海滩上，他再一次感觉到生命的无比宝贵，而自己今日站在这里，明天就可以乘飞机返回家乡上海，继续投身于热爱的事业中。"整个生命的过程，说得简单点，还就是那一句话：生命只有一次，应该有所作为"。

次日，林元培乘坐飞机抵达巴黎。趁着等候转机的闲暇时光，他延续了维也纳"走走看看"的习惯，去了巴黎三个著名景点，第一站就是埃菲尔铁塔。埃菲尔铁塔的电梯是直升到顶的，林元培登临铁塔的最上面，在法国的制高点上，俯瞰巴黎的人间风光。

第二站是凡尔赛宫。走在凡尔赛宫里，林元培不由自主地将其与中国故宫作了一番比较。林元培感受到，中法两国的建筑风格迥异，中国故宫相对朴实内敛；而法国宫殿则以其金碧辉煌的风格，彰显其奢华与气派。

最后一站，林元培来到了凯旋门。午餐时分，他选择了一家中餐馆用餐，边吃饭，边看着窗外的人来车往，品味当地的风土人情。他注意到，法国人的神情大多比较悠闲，透露出一种独特的生活态度。

作为桥梁工程师林元培自然对桥特别关注。巴黎的桥，大多跟上海苏州河上的桥差不多，都是城市里面的桥，跨距不大，栏杆也是细细的。然而，法国人对于设计工程的考虑，相比上海更注重使用功能，他们在设计建造中注入了更多的艺术表现、装饰性的成分。

林元培回到国内，上海市政府早已规划兴建的徐浦大桥项目，又已经在"等着他"。与已经建成的南浦与杨浦大桥相比，这两座大桥都是上海市内环线的有机组成部分，南浦大桥的浦西桥塔落地在老城厢民宅拥挤的南市区，杨浦大桥的浦西桥塔落地在大中型国有企业集聚的"大杨浦"；两座大桥承担的主要任务，是疏解市区两岸市民公交和私家车的通行拥堵。而徐浦大桥是上海外环高速公路（沪高速 S20）的组成部分，不仅连接了徐汇区龙华乡的龙吴路高架立交与浦东的三林乡，更作为外环线南段的过江点，是直接沟通沪宁、沪杭等高速公路进入上海过江的重要交通枢纽，同时也是虹桥机场与浦东国际机场之间最便捷的连接通道。徐浦大桥相比杨浦大桥，跨度短了10 余米，但是比双向 6 车道的杨浦大桥，来回都多了一条车道，是宽体单向 4 车道、双向 8 车道的桥梁。

上海市政工程设计院设计了南浦、杨浦两座大桥，第三座徐浦大桥还是由他们负责设计。对于徐浦大桥的设计任务，作为总工程师的林元培萌生了培养接班人的想法。徐浦大桥的类型、设计要求，等等，对林元培的团队而言并不陌生，且风险可控，林元培放手交给室里的年轻人来做。这个时候，林元培点了团队成员马骉的将。

从做重庆的嘉陵江石门大桥开始，马骉就跟着林元培一路走过来，对他的业务水准，林元培"信得过"。在正式委以重任之际，林元培对马骉表示：整个设计过程，我都要审读的，你有什么问题，可以来问，但我不动手；我是"手放"，眼睛不放，你在做什么，我都要看一看，最后的方案由我签字拍板。林元培对马骉只有一个明确指示：徐浦大桥的边跨，你要做混凝土的，这是我在法国诺曼底考察时学到的经验，该做法可靠，造价也便宜；至于其他部分，放手去做，但务必认真做到底，"一旦出现什么问题，责任算是我的"。

在今日的资料介绍中，林元培挑选的"信得过"的接班人马骉，是"上海市政工程设计研究总院副总工程师、全国工程勘察设计大师，徐浦大桥总负责人"。

当年，马骉以高中应届毕业生的身份，考上了同济大学桥梁工程专业，并于 1983 年毕业后加入上海市政工程设计院，投身各类中小型桥梁的设计和建设。自 1985 年起，他作为助理工程师，跟着林元培参与了重庆嘉陵江石门大桥的设计。此后更是紧随着林元培步伐，作为"学徒"参与了南浦大桥的设计工作以及市里的内环线工程建设。林元培主动推荐马骉担任徐浦大桥的设计总负责人，这标志着马骉职业生涯首次担当项目负责人。

徐浦大桥的设计对马骉而言是一次宝贵的学习经历。徐浦大桥是在杨浦大桥的基础上设计的，中跨沿用杨浦大桥叠合梁的结构形式，边跨则参考诺曼底大桥的混凝土结构形式，最终采用与引桥相同的施工方法，利用架桥机进行架设。

马骉深刻体会到，工程师与学校中的老师是不一样的，在学校的实验室里做科研，结果具有不确定性，失败同样是另一层意义上的成功。且科研是一种实验，不涉及生产领域和经济范畴，无须考虑舆情的反响。然而，市政工程的实际施工，方向和目标只有一个，就是只许成功不许失败。

在实际施工的过程当中，马骉感觉，不担任总负责人，对与市政工程相关的很多事情，就不可能有切身的感受。作为徐浦大桥的设计总负责人，不仅要具有桥梁专业的知识，还需深入学习、掌握道路、建筑等多个领域，才能够实现与各个方面的协调配合。在业主眼中，工程上的事情就找总负责人，就是"一个口子对接"。从某种意义上讲，总负责人就是总联络人，其职责并非亲自操持具体事务，关键在于带领整个团队，全员齐心协力，共同完成项目的设计任务。作为总负责人，一方面具备高度责任心，另一方面则需具有卓越的综合协调能力。说易行难，马骉的处理原则是代价越小越好、影响越小越好，但务必确保问题得以妥善解决。担任徐浦大桥设计总负责人的经历，大大地锻炼了马骉的综合能力。

徐浦大桥竣工后，成为上海市区南部连接浦江两岸的又一座斜拉桥，主桥全长 1072 米，主跨 590 米，桥宽 35.95 米，为双向 8 车道。

主塔呈"A"形，塔高217米，拉索采用扇形平面布置，共30对240根。

1994年4月，徐浦大桥正式开工，林元培58岁；1997年6月，大桥通车；林元培时年61岁。

事后，林元培这样诠释自己的选择：我是总工程师，但肩上的这副担子总有一天是要放下来的。客观地讲，我的个性是要创新的，要创新就一定有风险；但岁月不饶人，作为个人，其脑力和精力总是有限度的，即使我还是每天为了"考虑第七个问题是什么"，怎么也睡不着，但创新的风险永远存在，与风险打交道的人，不可能永远是我；未来的中国桥梁设计和建设，一定要有新的人来接受和承担新的风险。社会责任和科技创新这个接力棒，我总有一天是要交出去的。通过徐浦大桥的设计和建造成功，我不仅有了接班人，还锻炼并塑造了一支出色的专业团队。

1997年建成上海徐浦大桥

第 十 六 章

重庆鹅公岩悬索桥的设计成功，
是"我们把世界上的四种桥型都做过了"

1994 年 4 月，上海徐浦大桥正式进入施工阶段，上海市政府为其定下了三年的建设目标，1997 年年底前实现通车。林元培"放手把徐浦大桥的设计任务交给了马骉"，而与此同时，重庆同行对"嘉陵江石门大桥的上海总设计师念念不忘"，为继续建造新桥，再次盛情邀请他来到重庆。

林元培当年到重庆嘉陵江石门大桥做设计的时候，当地有关部门就跟他说过，重庆既是山城，也是江城，在长江上只做一座嘉陵江大桥是远远不够的，未来还将在长江之上造更多的桥梁。1997 年，随着重庆决定要在长江上兴建鹅公岩大桥，林元培再次被赋予了新的使命。

重庆方面的思路是这样的：他们不愿重复已经建造过的成功桥型，而是想做没有做过的桥。在重庆，斜拉桥和拱桥都有成功先例，因此，他们将目光投向了悬索桥这一新领域，并选定长江鹅公岩作为悬索桥的建设地点。

鹅公岩段的长江水面不算宽阔，仅约 600 米。接到邀请的林元培，当时是那样想的：去做一趟悬索桥也挺好。全世界的桥梁，大致分为四种桥型。一种是结构单纯、构造简单，构件能够标准化，也是采用得最广泛的梁式桥。上海市政工程设计研究院做过的中、小型桥梁，一般都是梁式桥。刘作霖做过的 T 形刚构梁式桥，就是当年最大的梁式桥。第二种是拱桥，对上海市政工程设计研究院来说，双曲拱桥已经做过不知道有多少座。第三种是斜拉桥，林元培先是在松江泖港做了斜拉桥的实验桥，后来在黄浦江上也已经成功设计并建成了南浦和杨浦两座斜拉桥，第三座徐浦大桥也正在紧张施工当中。第四种是悬索桥，美国旧金山那座红颜色的金门大桥，就是著名的大型悬索桥。林元培心中盘算：若能成功设计重庆鹅公岩悬索桥，则意味着上海市政工程设计研究院把世界上四种桥型都做全了。

鹅公岩大桥跨度约 600 米，风险相对可控，若能借此机会完成四种桥型的实践，其意义无疑是巨大的，标志着上海市政工程设计研究院将具备应对任何类型桥梁的设计能力，从而能够接受任何一种桥梁工程的设计任务。所以，林元培"决定开发这个桥型"。

在今天的介绍资料中，鹅公岩大桥概述如下：重庆长江鹅公岩大桥工程是重庆市政府许诺为市民办的实事之一。大桥全长 2.7 千米，桥型为门型双塔柱钢箱梁悬索桥，主桥总长 1022 米，桥面高程 208 米，主跨 600 米；主塔高 163.9 米，桥面宽 35.5 米，双向 6 车道。"鹅公岩大桥建成后，彻底解决了渝中区、南岸区、巴南区、九龙坡区、经开区和高新区之间的通道问题，这座桥被大家誉为重庆主城轮廓的构成线"。在"最初"的诠释里，长江鹅公岩大桥还兼有"移民"功能：大桥为"公路桥，集移民、交通、城建三大功能，是丰都县全面贯彻开发性移民方针，自力更生，多渠道筹措资金建设的一座大桥"；总投资概算为 14.1 亿元。

林元培决定自己动手设计这座大桥，当时有这样几个问题必须解决：一大难题是，悬索桥最主要的是两个锚碇，一旦锚碇出现滑动，将直接影响主塔顶的单边受力。两个锚碇分别位于平地上和对面山下。对位于平地上的锚碇，基于丰富的建桥经验，林元培是有把握的；唯一区别在于，以往所建的双曲拱桥锚碇要求在推力作用下保持稳定，而这座悬索桥的锚碇则要求在拉力作用下保持稳定，"换了个样子而已"，林元培是有经验的。但对面山下的那个锚碇位置受限，条件复杂，具体如何施工成了摆在林元培面前的新的考验。

当年，重庆方面有一项施工工艺非常成熟，就是人工开凿口径很小的山洞。林元培巧妙利用该技术，将小山头凿穿后再进行锚固，这样就绝对有把握。虽在当时尚无人将该技术运用于桥梁领域，但林元培计算得出的结果非常可靠。关于锚碇的问题，就这样解决了。

另一大难题在于悬索桥的缆索。架设缆索的常规办法非常成熟，即用一根一根的细钢丝缠上去，但当时重庆缺乏相关实践经验，而斜拉索他们倒是做过的。林元培当机立断，采用做斜拉索的施工工艺来做缆索，将钢索做得很长，两边都做有锚头，以拉索代替缆索，从工艺施工角度讲，这样反倒简单了。至于安装，林元培对工艺设计"改动了一下"，设计好安装方案，安全可靠，最终取得了成功。

一如林元培的平和口吻，今天的他讲述设计思考和决策过程，似乎都非常简单。由他成功设计的两处锚固方式，在今天的资料里如是描述：桥址处为泥岩和砂岩互层地层，西岸为重力锚碇，东岸为隧道锚，东岸锚"采用了建造无齿加锚桩的隧道式锚碇的新技术"。然而，一旦打开"重庆鹅公岩大桥隧道式锚碇"学术论文专栏，以"重庆长江鹅公岩大桥东岸隧道式锚碇三维弹塑性有限元分析及稳定性评价""重庆长江鹅公岩大桥东锚碇隧道锚工程的质量控制"等为题的十几篇国内专家论文赫然在目，文章对"隧道式锚碇"进行了详尽的论述，都给予了高度的评价；其中一文这样表述："东岸采用带锚桩的隧道式锚碇，该锚碇建造在砂质泥岩和泥质砂岩互层的软质岩中，设计通过现场缩尺模型试验、三维弹塑性有限元分析和动态规划法技术，确保了隧道锚具有足够的稳定安全系数以保证大桥的安全。"

鹅公岩大桥于 1994 年 10 月 18 日开工，1997 年 1 月 20 日建成通车。

如果说，在 20 世纪 70 年代后期，在中国式斜拉桥的实验阶段，林元培对卡尔曼滤波法进行深入的研究，将人造卫星的"动态纠偏"方式，独具匠心地移用到松江泖港大桥的桥梁线型矫正上来，最终实现正确对接，合龙时候的对接误差被控制在了 2 厘米之内，这是他在专业空间的一次科学亮相；而在 20 世纪 90 年代中期，他发明且实施的重庆长江鹅公岩大桥隧道式锚锭新技术，则展示出他一旦穿山入地，同样也能挥洒自如的大家风范。

先哲马克思说过："在科学的入口处，正像在地狱的入口处一样，必须提出这样的要求：'这里必须根绝一切犹豫；这里任何怯懦都无济于事。'"上天也好，入地亦罢，这两个词所述说的，都是人类充满风险的顽强探索，林元培数十年的职场生涯，艺高胆大，求实创新的专业目标始终如一。

对于重庆长江鹅公岩悬索桥的设计施工成功，林元培总结道：我们做成功的每一座桥，都是在为后面设计新的桥梁作铺垫。比如说，我在设计双曲拱桥的时候，根本没想过后面要去做悬索桥，但是当我做悬索桥的时候，便意识到双曲拱桥里的某些技术，可以用到悬索桥上来，而且做成功了。前后铺垫，互为因果，融会贯通，这样的实践经验是非常重要的。鹅公岩大桥的成功，为我们后面设计其他大桥做了技术储备。我们每做一个工程，都要确保在理论上成立，实践中也要成功。我们过去都是做混凝土结构和叠合梁结构的，而这个桥的桥面梁是钢结构的，我们过去从来没有做过。在鹅公岩大桥的实践中，我们掌握了钢结构桥面梁的设计要领，这是一个非常关键的收获，之后的卢浦大桥设计，就涉及了钢结构问题。

对于自己"将来还要造什么桥"，林元培表示：个人是不可能预先知道的，但在新的形势下，光有书本专业知识显然不足以应对复杂的造桥挑战，一定要有丰富的实践经验作为铺垫。做新的桥梁，肯定会遇到新的课题，在这个时候，设计人员就一定要拿得出新的"东西"，从根本上讲，这个"新东西"都是在以前获得的实践基础上衍生、拼凑、整合起来的，都是有根有底的借鉴。借鉴与铺垫，是一个设计人员本职工作的题中应有之义。解答新课题的过程，往往被旁人视为创新。但从个人角度来看，某一事物对自己而言虽是新问题，但对他人或外界而言，或许早已不再是难题。"所以，学无止境"。

第十七章

黄浦江上造了三座同类型大桥，
卢浦大桥"我要做成一个艺术品"

在今天的上海市政府网页上，卢浦大桥的"最早"现身，是"混"在了"上海南北高架建设通报"里的：处于第一阶段建造的南北高架路南段（卢浦大桥—柳营路）的8.45千米，于1995年12月10日建成通车。此处在括号里被标明的卢浦大桥，当时还仅仅是市政府建设规划中的"文件决定"，江面上还"什么也没有"。当年，站立在浦西中山南路和鲁班路交界处的高架桥"断面"上，可以俯瞰"脚下"的滔滔浦江，对岸是浦东耀华路的东端，那里有一片几十年不变灰尘满面的旧式厂房。在林元培的叙述中，这个浦西的高架桥"断面"，就是后来卢浦大桥的浦西"接口"。

1999年，上海工程建设处征集卢浦大桥设计方案，林元培时年63岁。

当时，对于建设卢浦大桥，业界分有两种不同的观点，第一个观点认为：黄浦江上已经造了南浦、杨浦、徐浦三座斜拉桥，第四座是不是还要造斜拉桥？言外之意很明显，在黄浦江上再建大桥，需要更换桥型。第二个观点认为：还是做斜拉桥，世界上很多国家都会在一条河上统一建造斜拉桥，设计和建造都可以驾轻就熟，没有什么风险。在讨论会议上，这两种观点争论不休。后来，市政府表态：现在没有时间了，不要再没完没了地争论，现在要的是卢浦大桥工程赶快开工，桥梁设计还是用招标投标方式来决定，谁中标了就按谁的方案做。

卢浦大桥的招标投标，与当初造南浦大桥的时候更"闹猛"，有兴趣的设计单位更多了，除了上海本地的，还有南方来的、北方来的；反正，全国同行业界都来人了。

全国的桥梁设计单位纷纷赶来上海，参加黄浦江上第四座大桥的招标投标。其中缘由并不复杂：当年南浦大桥的设计建造，属开天辟地的创举，上海市政府没有让非本土的"外来户"涉足，方案选择"遵循"招标投标形式，由专家委员会票决；最后上海市政府做出批示决定，由上海市政工程设计院一家担纲，由其提出两个不同的方案，自己与自己竞争。而开展卢浦大桥的建设之时，黄浦江上已经有三座大桥巍然屹立，风姿绰约，口碑斐然，国内同仁通过学习掌握相应技术，拥有了自行设计的能力，且上海市场规模大，如此全国范围的招标投标工作，众多设计单位"动机明确，也是情理中的事情"。

参与卢浦大桥投标的林元培，他的思考别具一格。

林元培当时有个考虑，自己过去设计的南浦大桥、杨浦大桥和徐浦大桥，主要是为纾解市内交通困境，重在功能性，简单讲就是做交通。但是，这一次设计卢浦大桥，他开始思考，大桥能不能既有交通功能性，还具备艺术性，拥有美学功能，未来矗立于黄浦江上，为上海的风景线增添一些色彩，年逾六旬的林元培感到，这也许是自己这一生做的最后一座桥了，总归也是要退休的，这样造桥的机遇是越来越少了。卢浦大桥能不能加"艺术"两个字上去？卢浦大桥跨度550米，比杨浦大桥还小一点，从技术角度讲，他觉得自己完全有把握。

林元培说，自己要争取"在艺术上冲一冲"，人家的艺术品往往置于商店玻璃橱窗内供人观赏，而这座卢浦大桥，一旦成为黄浦江上的一件庞大的艺术品，那么所有途经此地过江的人，都能够看得到，这样的影响力绝非小小橱窗能够比拟的。自己不是个艺术家，但他希望是这样的，同时也相信自己是懂得审美的，只要他自己能够满意，觉得是美的，就可以。林元培这样想，还有一个非常简单的原因，就是他不愿意再简单地重复劳动了。南浦大桥423米，杨浦大桥略超600米，徐浦大桥是590米，林元培深知这可能是他最后一次设计黄浦江大桥了，他不愿意再做那些并不困难，更没有挑战性的事情。

63岁"高龄"的林元培，怀抱挑战自我的雄心，继续攀登高峰的壮志，这一切源于生活磨砺赋予他的顽强意志和职场实践铸就他的强大自信。作为"黄浦江大桥过来人"的林元培，他心里非常清楚，这一次国内众多业界人士来打擂台，雷同的桥型肯定要被淘汰，重复的设计也会被否定；卢浦大桥的设计必须创新，才能再次赢得专家评审委员会的讨论和投票认可。

林元培的预感是：黄浦江上已经造了三座同类型的大桥，"市里"也一定在期待一座崭新的大桥；我就是我，我必须是我。

世界上的所有桥梁分有四种类型，一种是老一辈经常说到的梁桥，林元培在 20 世纪 60 年代设计的桥，就是这样的梁桥。第二种是悬索桥，比如美国旧金山的金门大桥，以及重庆的长江鹅公岩大桥。第三种就是斜拉桥，黄浦江上已经建有三座；第四种是拱桥。那么，林元培究竟要挑选哪一种桥型呢？

在这四种桥型里面，梁桥和悬索桥这两者必须放弃，因为梁桥的结构，做不了卢浦大桥这个跨度，到不了 500 米。上海是软土地基，如果要做悬索桥，为锚住这座桥，就要做两个很大的锚墩，价格不菲，成本高昂。如果以如此成本高昂的设计参与投标，专家评审根本不会考虑这个方案。那么，仅剩两种桥型——斜拉桥和拱桥。

因为涉及投标竞争，林元培必须要做两个方案。他首先做了个"很熟悉"的斜拉桥方案，随后着手设计一个拱桥方案。在 20 世纪六七十年代，林元培曾做过双曲拱的，对拱的基本原理很清楚，但是，若将拱做在软土地基上，就会非常危险，可能引发问题。他考虑，怎么来解决这个软土地基的问题呢？这个问题能否得到解决，是他能不能做拱桥设计的先决条件。

如果拱桥的桥墩这两只"脚"在受力时发生位移，软土地基会动，林元培必须要想办法让这两只脚不能动。现在，人们可以看到卢浦大桥的两侧行车区域，林元培做成边跨，为在推力传至桥面以后，能够通过边跨用拉索把推力平衡掉，桥墩推出来 50000 吨，拉索便把这个 50000 吨平衡掉；推力平衡掉，桥墩便不会移动，桥墩稳固，大桥整体就不会出现问题。

就是这样，林元培将斜拉桥的拉索原理运用到了这里，从而解决了拱桥的可靠性问题。通过仔细运算，他确信这一方案是可靠的。这一拉索平衡方案，解决了上海软土地基"可能移动"的难题，确保卢浦大桥的整体稳定。在此基础上，便可以进一步对整个大桥进行设计，思考如何做得更好。日后的建造，证明了这一条措施确实保证了卢浦大桥的建造成功。

当年国内，在四川已经建有一座420米的拱桥，为混凝土结构，桥型美观，但国内在这一领域的水平也就止步于400米。国外则有两座钢结构拱桥，一座位于悉尼，就是澳大利亚旅游明信片上著名的悉尼大桥，悉尼大桥长约505米；另一座则是美国的新河谷桥，跨度约515米。林元培便将自己的设想跟这三座桥"作比较"，取其优点，查其缺欠，"看能不能比他们做得好一点"。

经过对比后，林元培认为：当时国内420米的悬索桥是混凝土拱桥，而将要建造的卢浦大桥是钢结构的，因此国内的这个例子，就必须舍弃，不再考虑。澳大利亚悉尼大桥的505米，和美国新河谷大桥的515米，这两座钢结构大桥都是20世纪30年代的作品，那个时候的建设工艺还处于非常初期的阶段，电焊技术刚刚发明，工艺不成熟，起重能力也不够，所以当年的外国施工规定，造桥不得采用电焊。他们只能在工厂里先制作小型构件，再运到桥上采用螺栓锚固。上海的眼前就有具体的例子，建造于一百多年前的外白渡桥就是依靠小构件采用螺栓拼装起来的。

林元培认为，受到当时工艺的局限，那个年代做出来的桥，从美学观点看，结构上"啰哩啰嗦"的，悉尼大桥给人一种很烦琐的拼接感，美国的那座桥也是如此。虽然自己不是艺术家，但他总有一个感觉，简洁比啰嗦好看，简单的东西才展现出真正的美，简单最难，简单也最美。

时代不同了，现在的电焊工艺完全过关，既然可以采用电焊，那么大桥的断面就可以做到两、三层楼那么高；这个大构件的一个断面，可以抵得上过去几十个小构件的受力，其造型也一定会趋于简单。在可以电焊的同时，现在的起吊能力也已经很强，完全可以胜任对大构件的吊装。

林元培就此定下了卢浦大桥采用拱桥设计的决心。国内的南北设计单位拿着各自的设计方案，来到上海投标，有做悬索桥的，有做斜拉桥的，没有做梁桥的，也没有做拱桥的。采用围棋用语，林元培的"拱桥设计"，占据了一个先手优势。在当年的新闻记录中，林元培采用的桥型叫作"中承式提篮拱桥"。

对于卢浦大桥的"曲线"，林元培是这样决定的：从数学上来说，根据公式计算出来的拱肋曲线，属于"最合理的曲线"，但它只规定了一种形状，是唯一的，也就意味着所有此类曲线都是相同的；那自己另外采用一个曲线，行不行？最后，林元培采用了抛物线，抛物线是曲线里面最简单的东西，他感觉抛物线比那个"最合理的曲线"漂亮。他也知道，从受力的角度讲，拱肋曲线要稍好一些，但是他不在乎，受力状况的计算，其实就是所用材料的多少问题。但是，林元培更追求美感。他说：当然，所谓的美，都是主观的，我自己认为是美的就可以了，我就决定做这个抛物线了。

第十八章

钢板厚了"零点几公分",
增加重量"浪费了我两天时间来作调整"

对于卢浦大桥，林元培所造的桥型独树一帜，但桥型设计"美"了，又怎样来实现这个"美"呢？工程项目设计，绝不仅是"纸上可行"，还必须确保工地施工的可操作性。林元培进行了计算，卢浦大桥的主跨有550多米，为解决软土地基的问题，自己设计采用拉索方法把50000吨的推力对冲平衡掉，然而又应该采用怎样的工艺施工，方才能够达到这个目的？他决定采用斜拉桥的施工工艺，用租赁的万能构件，在桥墩位置拼成一个竖塔，再从这个塔上放下斜拉索，进而形成拱圈。经过核算，这一临时性的拉索费用不会很高。

自南浦大桥、杨浦大桥的建设需求兴起以来，催生了上海本土斜拉索制造厂的建立，完全满足了本土的施工要求，也已供应国内各地的桥梁工地。斜拉索不是问题，而卢浦大桥拉索的使用却是一个新课题：以往做斜拉桥的构件是平着出去的，而现在卢浦大桥的拱圈则是"曲着"出去，从来没有这样施工过，这样做拱圈有把握吗？林元培"算来算去感觉没有什么问题"。

关于大型建筑的设计，林元培表示：第一是理论上要成立，第二是工艺上要可操作且易于上手，到了工地上，没有时间再过多讨论。使用这种拉索，过去用来做水平的构件，现在做一个曲的构件，通过计算没有什么问题。这个桥拱十分巨大，拱根部高9米，相当于3层楼，9米拱圈根部落地，受力最大。中部则为6米，有两层楼高，整个桥拱堪称庞然大物。

林元培设计的这个箱形断面，制作重点在于其闭口设计，就像一个关上了盖的箱子。这样设计是因为闭口的箱形构件要比开口的抗扭刚度大，不容易失稳；如果不做箱形而做工字形的，虽然受力同样能够达到要求，但是稳定性不好。当年杨浦大桥采用的构件是类似于工字形的，但杨浦大桥与卢浦大桥是两种桥型，不可类比。当时已经临近投标，没有更多时间来进行闭口"理论"研究，而且理论研究并非易事，林元培推导了这个计算公式，自己感觉是有把握的。

做项目设计，林元培还要考虑施工成本的高低。若拱桥价格过高，势必会影响专家评审委员会的投票，很可能因此被淘汰。林元培提出两种设计方案，因为拱桥需建造拉索塔，施工费用相对较高。他考虑，如果施工成本特别高，则肯定是中不了标的；拱桥的投入虽略高，但那是工程所必需；再说，算账要算总账，整个卢浦大桥引桥与主桥的总体投资达 26 亿元人民币，拱桥本身投资是 6 个亿。造塔略多花了几千万，对于 26 亿总体投资，大概只有百分之二到百分之三的增加，这是一个小数，不会离谱到哪里去。鉴于略增的小数占比例不大，且从长远的景观效果考虑，林元培的选择还是拱桥。

从桥型选择，到施工方案，直至资金投入，林元培对卢浦大桥的设计进行了全方位的周密思考，他毅然决然地把方案提交投标。

究竟做什么样的桥，林元培的主观意愿是说了不算的，招标投标由专家组来评审，要经过讨论，再投票决定是谁中标，最终上海市政工程设计研究院（以下简称市政院）的拱桥方案中标了。市政院中标，也就是说林元培这个总工程师，要到黄浦江上继续造第四座大桥。林元培自己讲过的，凡是市政院里没有做过这种桥型、这个规模的，都由自己动手来做。

上海卢浦大桥设计中

经过专家评审委员会的投票决定，最终选定了林元培设计投标的卢浦大桥拱桥方案。在设计图纸上，大桥钢构件的图形和数据都已齐备，只是，由哪个具体的厂家来操刀制作呢？

卢浦大桥这一庞然大物的钢构件，需采用现代的电焊工艺，而大桥工地的旁边不远，就是江南造船厂。他知道，作为老资格的大厂家，江南造船厂的电焊技术是一流的。林元培前往江南造船厂，实地考察这家大厂、老厂的电焊技术水平。也真是巧了，江南造船厂当时的厂长也是福建莆田人，他碰到自己老乡了。在厂里，林元培跟厂长谈造桥的事情，老乡对老乡，讲的是家乡话。厂长非常内行，对林元培说：你这个大桥钢构件的用钢量，对于江南厂的生产来讲，相当于一艘70000吨的轮船。

江南厂的老乡厂长答应，这个箱形拱桥我们来做。

然而，最终这个钢构件并未在江南造船厂制作。林元培对钢构件提出一个必须做到的要求：所有的钢构件制作完成后，需在实地进行现场拼装，也就是说，要在江南造船厂的"大空地"上，拼装出一座卢浦大桥来。这块空地必须要足够大，要求有相应的宽度，尤其是这块拼装空地的长度，必须超过400米。但是，江南造船厂里没有这样庞大的施工场地。

造桥业界有明确要求，大桥钢构件制作完成后，需进行现场预拼装，以确保拱圈曲线的准确性。钢构件需在地面上预先拼装成功，以证明将来"拆散了"，再吊到桥上去，这些钢构件也能顺利合龙；如果在地面上都拼不拢，那么一旦这些庞大的结构吊到了桥上，在半空中无法合龙，后果将不堪设想。同样，做斜拉桥的时候，也需要按照规矩，在地面空地上进行整体预拼，拼装成功后，再拉到工地上面去施工。此外，做混凝土拼装，按照次序一、三、五排列，在缝隙里浇上混凝土，最终实现合龙。虽然混凝土比钢构件好做，但是混凝土可以做到的事情，钢结构是办不到的。江南造船厂虽然有意承接这一项目，但是终因场地未能如愿，只能遗憾放弃。

卢浦大桥钢构件的制作，最后是由沪东造船厂完成的。在沪东造船厂的大空地上，拱圈曲线的整体预拼装顺利完成。然而，天有不测风云，到了钢构件实施吊装阶段，林元培得知了一个颇为惊人的"讯息"：设计要求的钢板厚度是五厘米，而造船厂实际采用的钢板厚度是"五点几公分"，厚了零点几厘米。

林元培回忆道：我是真没想到，到头来还是出了一桩大事情。我设计的钢构件钢板，是采用五厘米厚度的。但这个五厘米厚度的钢板，国内市场一时没有，那又怎么办呢？他们就用了五点几厘米的，厚了一点点，他们的想法是，比你设计的稍微厚了一点，那样会更加牢靠一点，这总归没有问题吧？制作方事先没有跟我打招呼，他们就这样弄了，自以为是做了一件好事。到了制作框型已经完工，才知道这个钢板比设计厚了"零点几公分"。

但是，沪东造船厂没有考虑到，原定的 70000 吨的钢板总量，由于这个增加的零点几厘米厚度，整体结构的钢板将增加多少吨自重？这个事情的后果是很明显的，钢板厚度增加，整体钢构件的总重量也随之增加，而机械起吊数据依旧没有改变，这导致钢构件无法达到林元培原本设计的高度。他把沪东造船厂的钢构件数据输入到电脑里，得出的结果与原设计高度就总是差一点——"钢构件分量重了，就低头了"。

钢板厚度"零点几公分"的误差，带来了惊天动地的后果。说是"惊天"，因为空中钢结构件的前端低头了，说是"动地"，因为肯定会对大桥的整体结构产生影响。

林元培的设计思路虽重创新，但具体设计是一定留有余地的。做斜拉桥设计的时候，林元培就总是留有余地，设计师必须时刻做好应对变化的准备，即使在施工中"差了一点"，设计师仍有可能通过调整将其纠正。对卢浦大桥的设计，林元培根据经验，也留有调整的余地，他通过计算，把机械拉力加大，让钢构件"把头抬起来"。他说：这个调整过程，"浪费"了我整整两天的时间，但是后来也照样拼装成功了。

林元培的职业生涯，发端于洛阳一拖厂区道路小桥的"套用苏式标准图"，也许可以说，模仿是一切自我创造乃至自我创新的开始，但模仿从来不是有志者的职业终结。科技领域重复的单一拷贝没有前途，因循守旧、削足适履、止步不前，更不是中国新时代桥梁业界的形象。新的路永远在延伸，新的桥永远在呼唤，自然要严格遵循客观规律，但也要敢于坚持自由思想，放飞视野；坚决做到实事求是，但也要勇于坚持特立独行，实现超越，创新才能进入炉火纯青的境界。

二十年后林元培讲述卢浦大桥的口吻，已经是风轻云淡。然而，"浪费"二字，还是道出了他当年难以抑制的焦灼心情。卢浦大桥因钢板厚度陡然增加了"零点几公分"，而增加的总体重量，压到林元培肩上，他感受到的岂止是千钧重担。这是一个何等巨大的现实考验。

1999 年 8 月，上海市黄浦江大桥工程建设处征集卢浦大桥设计方案，2000 年 10 月 25 日，卢浦大桥动工建设，2002 年 10 月 7 日，

2003 年建成上海卢浦大桥

卢浦大桥完成合龙。在 2021 年的上海交通版图上，卢浦大桥是"南北高架 30 余千米快速路的越江组成部分"。

　　林元培举重若轻。卢浦大桥主桥钢构件当然是用施工机械吊装起来的，但又何尝不是林元培"抬起来"的。

在卢浦大桥工地上

第十九章

中国第一次获得国际桥梁结构
协会"杰出结构奖",铜匾"贴"
在卢浦大桥的桥身上

在将近两年的时间里，卢浦大桥在黄浦江两岸市民的见证下，大桥的两侧桥端慢慢向江心伸长，桥体渐渐成型。从 2002 年春天后的某天开始，在黄浦江轮渡上早晚过江市民的视野中，大桥上那个"弧形园拱"从两头相向"生长"，靠得越来越近，似是一下子的事情，"突然"一天，弧形中央的空隙就只剩下一块构件便可相衔相接的距离；而此时，一块系上了红色布条的"金属构件"被吊装机械的长臂高高悬起，静静地挂在那个空隙上方。轮渡上来来回回的老百姓明白了：卢浦大桥上面的"拱"就要合龙了。

但是，一天过去，两天过去，那块系上红色布条的金属构件，依旧高高地悬挂在上空，就是没有"落下去"。

尽管钢板厚了一点，钢结构重了一些，但经过林元培的矫正计算调整，拼装正常进行，到末了，最中央还有一块要接龙"落下去"，而合龙的方法，就是在接头的地方，将最后一个钢构件"放进去"，一头先电焊，另一头再铆接。由于上海冬春相交时节的天气温差较大，两头已经拼装好的接口隔着相当大的空间跨度，加之悬在上面的那个构件，这些"东西"的尺寸实际上会因温差而不断伸缩变化。再者，第一步的一侧焊接相对容易，而最后另一侧铆接的孔，一定要彼此全部对齐，这不是一个孔两个孔，而是几十个孔统统要对齐。所以要等到温度"正好"的时候，所有的孔才能全部对齐，螺栓才能全部进去铆紧。

林元培与上海气象台的联系，一直没有断过。但是，老天爷什么时候的什么温度，不是由他说了算的。"市面上"闲话很多，但有这样一句话是属于行内的：那个卢浦大桥怎么老是不定位啊？可合适的温度就是一直没有等到，温度不到，结构就不能合龙，不能合龙，市政府领导就到工地来了。

林元培回忆道：我是一直候在现场的，领导上桥就来问我了：已经两天了，怎么还没合龙啊？我就跟他解释，合龙需要等温度的。我这是在上海黄浦江大桥上的第四次合龙了，不是第一次做这个事情，我有把握，一定能够顺利合龙，"现在就是在等温度"。领导就这么听着，也不再说话。

历史有惊人的相似之处。

黄浦江上第一座大桥南浦大桥彼时正在施工阶段，因"参考桥梁"加拿大安纳西斯桥发现裂缝，林元培赶赴实地考察，返回上海修改图纸，工地一时"停摆"；接到市政府办公厅电话，林元培赶到康平路，时任上海市委书记、上海市市长的朱镕基与其进行了一次"一对一"的谈话。朱镕基问：老林啊，你有把握吗，你有多少把握啊？

林元培汇报情况，朱镕基没有再说一句话；因出席会议，朱镕基起身走人，"朱镕基没有表态，没有说停下来"。

2002 年初，黄浦江上第四座大桥——卢浦大桥正处于紧张施工阶段，在等候适度气温实施拱圈合龙，但两天过去，最后一块构件依然高悬空中，市政府领导来到大桥施工现场，问林元培：已经两天了，怎么还没合龙啊？林元培汇报实时情况，领导听后没有多言，随即离开。

对于高层领导而言，实时实情才是他们最关心的，彼此信任，不复多言。

最终，"等到了那一天"，构件落下到位，"拱圈合龙"。然而，当时无论在岸上，还是在轮渡上观看了卢浦大桥拱圈合龙的市民们，实际上并不了解，最后那个构件"落到"了位置，仅仅是实施合龙的第一步。林元培随即对构件的一边接口进行电焊，电焊结束，才仅是完成一头的固定，而另一头铆接的事情，则还要等候老天爷的合适温度，最后的合龙才能真正实现。

卢浦大桥的合龙是"毫米级"的，对此，林元培有充分的信心，他说：我在黄浦江上造桥，已经合龙过三次了，这第四次怎么会合不龙？就是温度没到，温度不对就是不对，今天不对，明天再来。这两个构件上面，不是只有一个螺栓孔，而是有几十个，每一个都要互相对准，这个事情差一毫米都无法合龙的。后来合龙的时候，我在桥上，亲眼看着它合龙。啪啪、啪啪，敲打那个铆钉，最后再来一下，统统打进去，好了。

拱圈成功合龙的一瞬间，便产生了推力。林元培此时把水平索安装上去，推出来10吨他就平衡掉10吨，总之推出来多少吨就平衡掉多少吨。顺利通过这个大关口，550米的拱桥曲线成型，随即开始钢结构桥面的安装。

今天的资料上这样记录卢浦大桥："2003年6月28日，被誉为'世界第一钢拱桥'的上海卢浦大桥竣工通车，标志着这一跨世纪的建筑已从投资建设进入实用阶段。连接上海市卢湾区和浦东新区的卢浦大桥在2000年10月开工建设，全长3900米，主跨550米，边跨100米，拱高110米，桥面宽度29.8米，是一座采用全钢结构、全焊接施工工艺的中承式提篮式拱桥。卢浦大桥建成时，该桥超越美国1977年建于西弗吉尼亚州跨度518米的新河峡大桥，成为钢拱桥中的世界第一桥。卢浦大桥建成后使南北高架延伸至浦东，并将内外环线连接，大大缓解了跨越黄浦江的交通压力。

"在建造时，设计师们必须设法让这座大桥融入周边环境，充分体现水、桥、人三者的和谐关系，同时也要兼具时代特征，成为上海市的又一个新地标。也就是说，大桥的设计原则就是充分按照地形、地貌及四周环境考虑空间布局和结构形式，顺其自然，用既简洁朴素又简练高雅的格调来显示与环境的协调和统一。在卢浦大桥的建筑造型设计中，将江面上原有大桥刚劲挺拔的塔身，转向柔和活泼的弧形拱身设计，产生的对比让人有了一种新奇之感，使整个构图更富趣味和变化。另外，大桥体型十分简洁，杆件元素的运用得比较少，构图均衡又有韵味。

"卢浦大桥选用中承式拱桥桥型，在保证主航道要求的前提下最大限度地缩短主桥的跨度，结构的受力合理明显。这种大跨度的中承式拱桥，显然区别于黄浦江上当时已有的三座大桥——南浦大桥、徐浦大桥、杨浦大桥，给人新奇变化之感。卢浦大桥主桥融合了斜拉桥、拱桥、悬索桥三种不同桥型的施工原理,形成一套完美独特的拱桥施工工艺。"

卢浦大桥荣获两个国际大奖,其一是美国桥梁国际会议颁发的尤金奖,林元培亲自赴美国的匹兹堡领奖。其二是由国际桥梁与结构工程协会颁发的国际杰出结构大奖。自 2000 年起,协会设立杰出结构大奖,专门授予全世界最具创新性的桥梁或建筑结构,在第 94 届国际桥梁与结构工程协会(IABCE)2008 年杰出结构大奖评选中,上海黄浦江两岸世博园区的卢浦大桥荣获国际杰出结构大奖,成为中国首座获奖的大桥。该奖项被誉为国际桥梁界的最高奖,具有极高的权威性。

国际桥梁与结构工程协会主席亲自赶到上海,举行颁奖仪式。2009 年 5 月 11 日的上海各大报刊广泛报道了这个授奖仪式:"杰出结构大奖"专门授予全世界最具创新性的桥梁或建筑结构,该奖项设立 9 年以来,在全世界范围内共授予了 10 个建筑结构和 8 座桥梁,上海卢浦大桥是第一座获此殊荣的中国大桥;副市长沈骏出席了在卢浦大桥浦西广场举行的颁奖仪式。

如今,杰出结构大奖的铜匾,摆放在卢浦大桥上,供公众瞻仰。

有报道文章这样描述:卢浦大桥与澳大利亚悉尼的海湾大桥一样具有旅游观光的功能,游客可乘坐高速观光电梯直达 50 米高的卢浦大桥桥面,沿大桥拱肋人行道拾级而上,走 300 多级台阶后,登上 100 米高的拱肋顶端,站在篮球场大小的观光平台上眺望浦江美景。

第二十章

2005 是"收官之年"，
11 月当选中国工程院院士；
12 月中国第一座外海大跨度斜拉桥东海
大桥通车

林元培设计的最后一座大桥，并非上海黄浦江上的卢浦大桥，而是横跨东海的东海大桥。作为国内外的海陆空交通枢纽，上海一直承担着国际物流的繁忙转运任务，国际和国内各地的货物到了上海，马上就可以转运到全国，乃至分运世界，当年上海港口的吞吐量虽比国内各大港口都要高得多，随着中国改革开放的不断深入，也已经远远不能满足形势要求。

"附近"国家和地区的挑战态势已经咄咄逼人，日本神户港在《地震重建宣言》中提出要建设"亚洲母港"，韩国釜山港提出建设"21世纪环太平洋中心港"；我国台湾地区的高雄港也提出建设"亚太营运中心"。

进入 20 世纪 90 年代中期，中国的改革开放已持续 20 年，全球经济竞争愈发激烈。资料显示：如果到 21 世纪初，上海还没有拥有 15 米以上水深的深水港，将面临东北亚地区国家新增大港深水泊位的巨大挑战，这一形势将严重削弱中国的国际航运竞争力，尽管长江三角洲和内地广大地区能够提供更加充沛的货源，可即便集装箱吞吐量上升幅度再大，上海也始终摆脱不了支线港、喂给港的命运。

为应对这一形势，国家需要建设一座新的大港，选址仍定在上海。然而，上海沿海没有水深超过 14 米的合适水域，最终找到了浙江洋山。洋山属于浙江省，上海市政府于是与浙江方面洽谈合作。沪浙两地的合作谈判，是"上面"的事情，最后拍板决定，港口就落地在洋山。但是问题马上就来了，货轮在洋山集装箱码头靠岸，大部分货物还是要再运输到上海临港地区，那么在洋山跟临港之间就要做条通道，从浙江"那一点"跑到上海"这一点"，距离约为 32 千米。

跨世纪即将到来，新时期的中国需要建设一座大港，而大港需要一座大桥。

上海市委、市政府的历届领导始终高度关注深水港建设。20 世纪 80 年代，时任上海市市长的江泽民同志作出指示："城以港兴，港为城用"，明确提出建设东北亚国际航运中心的任务。1995 年，上海市委做出在邻近上海的浙江洋山海域建设深水港区的战略构想，开始了对洋山港区的论证工作。1997 年 11 月，有关方面完成了上海国际航运中心总体发展战略等一系列基础研究工作。

2001 年 4 月，时任上海市副市长韩正传达江泽民在《关于加快洋山深水港建设的建议》来信上所做的重要批示，被称为"中华牌世纪大港"的建设要求，提上了议事日程，同时拟建的东海大桥定位是：东海大桥北起上海市芦潮港，向南经东海杭州湾东北部深水港海域，是中国境内一座连接上海市浦东新区南汇新城镇与浙江省舟山市嵊泗县洋山镇的跨海通道；东海大桥是洋山深水港的配套工程之一，也是上海沪芦高速公路南端疏港支线组成部分。经过"大桥设计方案国际竞赛"，最终以上海市政工程设计研究院领衔，"组成设计联合体"，大桥工程总设计师为林元培。

东海大桥的设计任务交到了林元培的手上，同时也把大桥建成的限定时间摆到了他的面前。东海大桥的一头是上海，一头是浙江，中间距离相当长，上级要求：这座长达 32 千米的大桥，一定要跟洋山深水港同步竣工。如果东海大桥没有完工，而洋山深水港提前建成，货柜运不出去，那大港功能就无法发挥。同样，如果东海大桥提前竣工了，而洋山深水港未能同步建成，也会闲置无用，但那是港口建设方面的事情了。上级规定的大桥施工时间是三年半，在期限之内一定要竣工。总之，三年半时间，洋山深水港要建成，东海大桥也要"解决问题"，一个新港两大工程必须同时造好投入运行。

林元培进行实地踏勘，发现大桥位于外海，不是在内海。作为国内首座外海大桥，工程规模浩大，大桥又地处杭州湾深海水域，属于深海强腐蚀环境，台风、寒潮频繁出现，如果遇上大的风暴潮，浪高 6 米，最大流速达到每秒 2 米，虽然一年理论上有 360 多天的施工期，但是遇到风急浪高的天气，工地上是不能干活的，实际上东海大桥的建造时间，只有规定时间的一半，也就是 180 天。

一半时间，港口大桥要同步完成，那这个桥究竟该怎么做？按照过去的设计惯例，做大桥设计的同时进行施工工艺设计，工地则按照设计来操作实施。而在东海大桥的建设中，"规矩"被打破，过去是施工跟着设计走，现在是设计要跟着时间走。这也就是说，只有180天的施工时间，林元培必须要用非常成熟的施工工艺来做，将施工工艺确定之后，再设计桥梁。根据规定的竣工时间，该施工工艺必须可靠，而且是又快又可靠。

林元培联系港区的施工单位一起讨论，他询问：你们工地上的这个桩是怎么打的？港区负责人讲，他们的施工区域打的桩不是垂直的，而是斜桩，因为是在海上，斜桩能起到防浪的效果。林元培认为，大桥与港口的地理条件是一样的，港口的斜桩工艺完全可以应用于东海大桥；港区方面将打斜桩的角度提供给林元培，并告知单位时间内的最大施工量"是多少"。

前提变了，林元培的思路也跟着变。他一方面要做斜桩计算，另一方面评估设备保障能力。要提高施工效率，必须使用大型的吊机，林元培根据吊机的尺寸设计梁的尺寸，从而保障施工时间。过去做简支梁，一般工程的长度只有40米，但大型吊装机械化施工能够吊到60米，林元培据此决定，做60米的简支梁，以提高施工速度。林元培是第一次设计60米简支梁，但他明白，面对东海大桥的特殊情况，施工机械做得到，自己就要设计得出来。

东海大桥是一座集多座桥梁为一体的群体工程，全桥从北向南依次由陆地段（北引桥）、跨海段（主桥）和港桥连接段（南引桥）三大部分组成。

经过验收考核，东海大桥综合指标达到优良级，与国际同类工程相比，大桥工期缩短一半，投资节约60%，形成了完整的一体化设计施工理念，开创了中国外海超长桥梁建设理论和实践先河，取得显著经济和社会效益，有力推动中国桥梁建设领域的科技进步，对国家经济建设和社会发展具有重大战略意义。东海大桥主航道桥作为中国第一座在外海建造的大跨度斜拉桥，其设计和工程实践丰富了斜拉桥结构形式，为今后斜拉桥设计提供新思路。

　　时任中共中央总书记、国家主席江泽民题写"东海大桥"桥名。东海大桥于 2002 年 6 月 26 日正式动工，2005 年 12 月 10 日通车运营。

　　东海大桥通车的新闻报道妙笔生辉：在上海浦东国际机场乘上飞机，向南滑出跑道不久，你就会看到在机翼之下、东海之上，有一条蜿蜒绵长的锦带，它的北端从大陆方向引出，向南通向浩瀚的深海，周边海域如今已经被连成一片开阔的新大陆。这新大陆就是洋山深水港，这锦带就是东海大桥。成百上千的集装箱卡车，在两幅桥面上分成两队，向北、向南鱼贯而行。向北的，最后驶进了大陆的高速公路网，就像鸟儿投入了森林；向南的，最后驶向海上的那片新大陆，就像鱼儿游归大海。而此刻，在波光粼粼的海面上，集装箱巨轮星罗棋布、缓缓航行；整齐的港口岸线旁，红色的桥吊列队成行、伸缩忙碌。东海大桥像一根脐带，把强大的长江三角洲经济腹地，跟吞吐无量的洋山深水港紧紧连成一体。

　　林元培事后回忆：过去的老规矩，现在倒过来了。我也是第一次，前提是"规定竣工时间"，再来做工程设计，东海大桥是"倒做"

2005 年建成东海大桥

的，我也把它做好了。

对林元培而言，2005 年是一个重要的年份。2005 年 12 月 10 日，他职业生涯最后设计的一座外海大桥，也是他收官之作——东海大桥顺利通车；仅过去三天，即 12 月 13 日，中国工程院发来公函：林元培同志：您于 2005 年 11 月当选为中国工程院院士，特此通知，并致祝贺！落款是：中国工程院主席团执行主席、中国工程院院长徐匡迪（签名）。

林元培时年 69 岁。

第二年，即 2006 年，由上海市建设和交通委员会科学技术委员会与上海市建筑科学研究所主办的《上海建设科技》，于当年第一期刊发封面照片；照片上，70 岁的林元培脸露微笑，意气风发，背景是竖琴一般伫立在黄浦江上的杨浦大桥。封面配发介绍文字：中国工程院院士，全国工程设计大师，上海市建设交通委科技委副主任。

第二十一章

黄浦江大桥是我的作品，
"四点体会，足慰平生，没有白活"

1994年，林元培荣获当年度的"茅以升桥梁大奖"，1995年被评为全国先进工作者，先后四次评为上海市劳动模范；1996年获"上海建设系统优秀共产党员"称号，是中国共产党第十五次全国代表大会代表；在担任全国人大代表期间，表现了相当的议政、参政能力。

由于在我国建桥技术方面的杰出贡献和突出成就，林元培被授予"全国工程设计大师"称号。作为南浦大桥、杨浦大桥、徐浦大桥和卢浦大桥的总设计师，由他主持、构思设计的中国特大型桥梁均达到了国际先进水平，解决了南浦大桥叠合梁结构的斜拉桥抗震裂缝等重大的世界性难题，他构思的杨浦大桥塔拉索锚固区构造、箱形钢梁设计和大跨度斜拉桥整体稳定理论，等等，都开创了世界先河，他一系列的重大贡献令国际桥梁界所信服和赞叹，被誉为世界建桥三大流派中的中国代表人物。

作为中国工程院院士，林元培"永不退休"，然而，年逾高龄的他，亲自操刀设计、实地踏勘进度的负重前行，终究已成"以往"。对于自己曾经"横刀立马"在黄浦江上的临战姿态，他有过这样的概括——

"我这一辈子，在黄浦江上设计建造了四座过江大桥。在这个过程当中，我有四点体会。一，要做好本职工作，这个并不是说你照着旧规矩做就可以了，走老路是不长久的，新的时代、新的路，一定在要求你必须要有所创新，以前的桥，100米足够了，现在黄浦江上起码400米，你不创新，这桥就造不成，这路就走不通；再说，老是抄人家的图纸，这个活干着也没意思。创新必须要有价值，弄了半天，是纸上谈兵，实际上造不出来的，这就没价值。这个'有价值'包含了三个要素，第一个是降低造价，由于你的创新，投资少了多少钱，这笔账是一定要算的；第二个是缩短工期，本来要用三年才能造好的，现在两年竣工了，这就降低了时间成本；第三个是造型美观，过去的年代是小杆件做大桥，就显得啰里啰嗦的。做到了这三个方面，这才叫有价值的创新。"

"我常常去参加科技评审会，听到一个人作报告，有专家当场提问：你的创新点是什么？这个人如此这般地作了回答，我也说了自己的意见：你这个不算创新，因为你就是换了一个'表面花样'，没有实际经济价值，弄了半天没有少花一分钱，既浪费了时间，还不值几个钱，这算什么创新？这样的事情，现在还不少，我对这样所谓的'创新'，'有点反感'。'有时候，下面有人这么做，我会适当批评'。"

"第二个体会，就是当重大工程来临的时候，机遇难得，不要怕，不能怕，要敢于面对风险，勇于承担责任；再说，这个事情做成功了，就可以为以后的工作打开新路。就像刘作霖总工程师做柳江大桥，苏联专家走了，当时北京开会，没人出头干，他就敢说句话，'试试看'。这座桥是军用的，后勤供应跟不上，缺粮食、缺子弹，前方还怎么能打仗？这句'试试看'，分量太重了，造得成最好，如果造不成，那个账是要算到刘总头上的。刘总还说，我还要到黄浦江上去造桥。我那时还很年轻，看到了刘总的胆量和勇气，心里非常钦佩。"

"第三个，从发展角度讲，就是要有意识地检验自己已经获得的经验，提前设想，将来能不能有效地运用到新的工程项目中去。哪些可以沿用，但是还缺少了什么，如果不能，我就要提出新的解决方案。凡事预则立，做了松江泖港大桥，我只有 200 米的经验，但是黄浦江大桥来了，一做就是超过 400 米。那好，根据以往经验，我能不能做到 400 米？做工程永远是这样的，都是从小做到大，没有小就没有大，不敢做大，那前面的小也就没啥意思了。"

"我深深感受到，做工程要有战略的眼光，要正确衡量自己、认识自己，已经获得了哪些实践经验，这些经验中的哪些，根据实际情况是可以伸延、拓展使用的。当年泖港大桥也有过"停下来"的时候，做不下去了，但是经过试验，就继续做，圆满完工。"

"第四个，新的工程中，肯定会有相应部分是属于新问题的，我没有先期的经验，当下一时也没有地方可以去学，但是又要你做，那怎么办？我就依靠理论来解决问题。举个例子，设计南浦大桥时，专家推荐了加拿大的安纳西斯桥做原型桥，当原型桥发生了裂缝的时候，我有过怨气，怎么就推荐了一个有毛病的桥呢？不过，专家作推荐的时候，安纳西斯桥还没有出现裂缝，谁都不能未卜先知。可是实际设计大桥的是我，我来做，责任就是我的。我怎么来解决呢？最后是我到加拿大进行实地踏勘，去想为什么会出现这种问题？我猜想有四种原因，把这些原因输入到计算机里，计算结果证明我的猜对是正确的。我凭什么猜对？就是凭借了我自身的理论水平来作判断了。所以，实践与理论，两者互为因果，相辅相成，缺一不可。没有实践，就发现不了问题，缺乏理论，就做不下去。理论水准是一个工程设计人员的'底'，这个'底'是没有'底'的，我自己也还要不断提高理论水平。"

在黄浦江上主持设计了四座大桥，在讲到卢浦大桥的时候，林元培以他非常鲜有的口吻这样说：我觉得很得意。林家装修住房，他的爱人说，新粉刷的墙壁"总归要挂两张画装饰一下"，林元培就接着"说了个笑话"：人家的房间里要挂世界名画，我看，我的房间里就挂张卢浦大桥的照片，这是我设计的，全世界上独一无二，这才真正叫身价。人家的艺术品是放在橱窗里的，我的作品放在黄浦江上，造桥人的伟大就伟大在这里；我是把卢浦大桥看得很高的，我认为这张照片就是世界名画。

对世界桥梁界"保用一百年"的规矩，林元培有自己新的解读。

作为桥梁行业，国际上是有规矩的，就是这个桥造好了，要保证一百年不能垮掉。垮掉就是塌了，不能再走，车子不能通行了。这一百年是个确定的规矩。黄浦江上的四座大桥，一直到今天的通行都非常好，没有出现任何的工程问题。但是，就自己设计的桥来说，究竟能用多少年呢？

林元培有充分的自信，自己设计的桥，绝对能够保证一百年安全通行的。但他对这句话也有更深的理解，世界上的桥从来不是突然整体垮塌的，随着建筑工程的年龄，功能衰老也是一个渐进的过程。比方说，斜拉桥用了一百根拉索，起码要几十根同时断掉，桥才会垮塌，事实上这是不太可能的事情。林元培考虑，如果到了某个时间节点，根据实际情况，只断掉了一根或者两根，那就把这个一根、两根换上新的，按照相关标准进行维修更新，这座桥还是完全可以安全通行的。一座桥即使到了一百年的期限，也绝不是突然整体垮塌的，通过定期观察、判断和维修，桥梁还可以继续使用多年。即便支座坏了，也是可以换的。当桥梁的整体结构、材料年限真正耗尽，无法再通过维修延续使用，再进行拆除。

林元培说到中国河北的安济桥（又名赵州桥）。这座隋代李春设计的石头桥，到今天已经有一千三百多年了，最初那些石块已经风化，但更换新的石块后，桥梁仍能通行。今天的博物馆里还保存着隋代时候的建筑石材，风化已经十分严重。"这个桥明清时候都换过石头的，但是现在还在走人"。所以他认为，保证一百年使用的说法，可以改一改，只要通过修理，能够保障通行，几个百年也是可以做到的，直到失去修整的价值，不能修理为止。一个是即刻垮掉，一个是逐年修整，这是两个不同的时间概念。

林元培同样讲到了上海的外白渡桥，当初是英国人造的，已经经历了一百多年。如今，它经过新的钢梁替换，外表上修旧如旧，依然是上海外滩的一大风景。还有杭州的钱塘江大桥，由茅以升老先生设计，也曾经修整了好几次的，老样子，还在用。

林元培说到自己的桥："黄浦江上的桥是我的作品，这个作品可以延续使用一个百年、两个百年，甚至更长时间，老样子留在人间，留在黄浦江上，我感到万幸。我有我的个性，我有我的想法，我的此生是问心无愧的。我觉得我这辈子是值了，用一句老话来说，我足慰平生，没有白活。"

第二十二章

把实践经验提升到理论成果；
理论与实践相结合，是为了创新

词典中"理论"一词的语解不止一条；不过，对于人类对世界"本质和规律"的认识过程，各种诠释普遍认为分为两个部分，即知性认识阶段与理性认识阶段；知性认识的目的，是"指导自己的行动"，而理性认识是指人们对自然、社会现象，按照已知的知识或者认知，经由一般化与演绎推理等方法，进行合乎逻辑的推论性总结。理论的存在方式是论文、专著与教科书等，其抽象性、逻辑性、系统性、可证实性与可证伪性，是理论的五大本质特征。

林元培对于自己设计生涯的思考，特别提到经验与理论的问题。他说，书面理论是"升华了的实践经验"，而经验的产生和适用，都有相应的环境范畴，放在这个地方是对的，但是换个地方它就不一定对。在以往设计桥梁的时候，他感觉自己"是有经验的"，但当要把这个经验推出去的时候，他又总是一而再、再而三地反复予以推敲，以前的经验是对的，但如何来保证在新的工程中也是对的呢？总工程师的责任感告诉他，你签上了字，正确的归于你，错误的也归于你。

在重庆设计鹅公岩悬索桥的时候，林元培有过一次"源于时间紧迫"，无暇"理论推导"而"不情愿"的签字。

林元培的习惯，是在每次设计前都要去研读已有的相关文章，但在做重庆长江鹅公岩大桥的时候，他发现悬索桥在以往的"静力理论"和"动力理论"两个方面，都还不够完善，但是大桥工地都等着施工，图纸不拿出来也不行，当时已没有那么多时间去做理论推导，林元培对现有的设计并不十分满意，自己签了字，心里却是不愿意的，只是不愿意也没办法。

但是，对于这个"不愿意也签字"，林元培是有前提的，当时的他专门问了重庆气象局，得到的回复是，重庆的风力"要小一些"，即使根据现有的理论予以设计，也能够保证鹅公岩大桥结构稳定性的，不会被大风吹垮。林元培说，自己是有了这个底气才最终签字，大桥到现在也的确没有出现问题。但是，作为总工程师，他感觉自己的工作"还是缺了一点"。

林元培始终觉得，时有先后，地分南北，所有理论当然都"具有总结性质"，但也会有相对的"特定性"，理论的不完善是常态，否则还要求后来人发展什么呢？今天"已经不做具体设计"的林元培，有时间对静力和动力的问题进行深入研究。关于静力理论，国内早有人在德国进行过研究，并出版了研究著作。林元培读过这些书，觉得其中仍有不足之处。他尤其不放心的，是动力理论。20世纪40年代，美国塔科马桥因18米每秒的风速而倒塌；他查阅资料后发现，当时的动力理论并不完善。现在的大桥设计，用的依旧是基于当时动力理论的"现有软件"，也就是"不完善的软件"，这让他对现有桥梁的动力部分尤为担心。

林元培始终坚持这句话：经验这个东西，有的时候是对的，有时是不对的。经验上升到理论，还是要再拿到实践当中去检验。

林元培已经做过了这个世界上所有的四种桥型，根据自己的逐年实践，他又将这四种桥型予以细分，类型扩展为八种，并首次提出了"可能有第九种跨越能力最大的桥型"，这引起了国内外桥梁界的极大关注。

在当年设计杨浦大桥这"世界第一跨度斜拉桥"时，林元培已经注意到，经过自己设计并正在成形的这个"602米纪录"，很快便会被一水之隔的日本建造的900米斜拉桥打破；不久，中国的斜拉桥建设也快速地突破了1000米。一切建筑业态的创造均源于现实需要，世界大型桥梁跨度的不断增加，正是为了"满足人类不断提升的物质要求与精神需求"。

1993年10月，杨浦大桥通车的当天，回到家的林元培，为庆贺而举杯小酌，妻子问他，你下一步还想干什么？林元培豪情冲天地回答：好好睡一觉，然后再造一座更大的桥，最好是2000米的。

20世纪90年代，日本做到了900米，国内做到了1000米，那时的林元培就想过，我们国内能不能再向前推进，做2000米一跨的斜拉桥？做大型桥梁，林元培总是将斜拉桥与悬索桥的建设成本进行比较。国外的悬索桥跨度已达 2000 米，而比起悬索桥，斜拉桥每平方米的造价要便宜得多。关于跨度 2000 米的斜拉桥研究，上海市政总院道桥室集体讨论的，"已经做了周密的研究、设计，图纸也画出来了"。林元培说：设计人员的工作应该是这样的，未雨绸缪，要预先作好准备，不能等眼前有现实需求了，我们再来研究，那就太晚了。我相信，这个第九种桥型，一定能够在我们 2000 米斜拉桥的设计与实施中得到体现。我们已经申请国家专利了。

"有了点时间"的林元培，来到国内的六所大学授课，第一个是上海交通大学；第二个是浙江大学，桥梁前辈茅以升就曾是浙江大学的老校长；第三个是福州大学，那是林元培的家乡；第四个是兰州大学；第五个是长沙理工大学；第六个是香港理工大学。

对于学校教学与工程施工，林元培始终认为，两者必须实现最紧密的结合。他说，当前大学里面的教学，上课都是理论讲得多，有数学、力学、理论物理，等等，但实际工程涉及得就比较少了。因此，既然邀请自己去讲课，目的就是为了补上他们"缺少"的东西。不过现在的情况有所改变，学校也开了设计院，例如同济大学成立同济大学建筑设计院，开始逐步接触实践。

林元培主编的《桥梁设计工程师手册》，有两百多万字，作为主编，他亲自动笔撰写提纲，并将各个章节分给院里相关专家撰写。上海城市建设设计研究总院作为城市桥梁设计单位也参与了该书的部分写作。林元培基本的讲课方式，就是结合这本书的内容，根据校方要求，挑选书中的相应内容，并根据实际的设计例子，针对自己做过的工程予以讲解。林元培说：空对空地讲了半天，那没意思，也没有实际意义，我讲工程背后的理论和推导公式，再讲具体的施工工艺；自己讲的这些"东西"，就跟学校里的书本知识融会贯通起来了。林元培理论联系实际的授课方式非常受欢迎，大学同学们普遍认为对自己的理论学习大有帮助。

作为自己授课的例子，林元培多次讲到卢浦大桥的设计。他说，理论与实践相结合的关键，就是为了创新，没有创新，实践与理论都没有动力。卢浦大桥当时中标，就是因为自己提出的是拱桥；上海是软土地基，如果能用钢索把推力平衡掉，便相当于做在岩石上面了，所以一定要用钢索对拉，这就是一个新的设计思想。当时世界上有两座 500 米左右的拱桥，林元培觉得那都是旧有施工工艺的产物，如今已不再适用。随着机械起重能力的增强和电焊技术的发展，今天的上海大桥，应该在美学上下功夫，所以他做了一个很单纯的拱。有了这个想法以后，林元培先画了张草图，真正的设计图纸做出来了，再到黄浦江上实地施工，最终大桥得以落成。

林元培多次强调：这个桥是什么？不断有新的需求，就不断有新的要求，就要敢于去建造新的有品格的桥，这体现了我的个性，也表达了我的思想。

林元培在各个大学授课的同时，也说到了自己的人生心得：走老路的最后结果，一定是无路可走；新时代在促进，新任务在逼迫，新的市政工程设计在与时俱进地要求，一定要闯出一条新路来。

第二十三章

老屋挂着母亲像，老人家说过：
瘦地种松柏，家贫子读书

生于上海的林元培，在 20 世纪 30 年代的中期，第一次跟随着父亲回乡，是为了躲避日寇侵犯上海的炮火，无奈逃难返乡耕田。第二次的返乡，是在 20 世纪 60 年代后期，已经踏上工作岗位的他，为实现父亲叶落归根的遗愿，身携老人家的骨灰盒，返乡归葬在莆田老家山上那块大石头的旁边。老家屋旁溪水潺潺，落叶纷纷，伴着丝丝缕缕的春声秋鸣，父亲的长眠静好。埋骨桑梓地，人生有青山，林元培感觉，作为长子，自己把家里的事情办好了。

如果说，以前的归家是为了家事，如今的回乡也是家事，只是在家事之外还增添了公事。东海大桥完工后的一年，福州大学邀请林元培回家授课。莆田市领导知道了他到福州大学讲课的事情，彼时当地正召开科技会议，莆田便派车前往福州，接他回到家乡。在宴席上，市委书记对林元培说，莆田有个名叫木兰溪的地方，计划建造一座桥，想请你这位家乡人来设计。老家领导一句话，林元培欣然应允，他回应道，这也是我作为莆田后人应尽责任的分内事。因桥而起，林元培与莆田的市政建设就此有了联系，事后上海市政总院在莆田开设了一个分部，名为莆田分院。造了桥，还建起了一个市政分院，莆田市一举两得，现在这个分院发展得很好，业务范围已经扩展到了厦门。

从福州省会到莆田乡下老家，也就是一个小时的车程，林元培回家了。尘世白驹过隙，人情苍狗浮云，几十年过去了，原先的老屋已被生活在当地的子侄拆除，拆下来可用的砖瓦，被拿去造了新房。那个老屋的原址上，现在空空荡荡的，成了一片空地。

林元培住过的老屋是没有了，但老屋门前的壶公山还在，父亲的墓地就在老屋的后山脚下。他就想，这里是自己的根，这么好的地方怎么能是空地呢？他打电话跟弟弟联系，作了商量。

林元培回忆道：我是 1936 年生在上海的，弟弟比我小 13 岁，解放初期生在上海，是我们林家五个孩子里最小的一个。后来，我父亲过世，母亲就跟我讲，从现在起你就是家里的老大了，家庭的保障要靠你，更要带头教育好自己下面的弟妹，所以，从小我是要"管教"弟弟的。我的小弟后来到合肥工业大学读书，毕业后到企业工作，当了厂长，做经营管理的事情，效益很好；后来改做行政，当了安徽省阜阳市的市长，后来经调动，到广东省佛山市当书记，再到广州市当副市长。我在电话里跟他说，老家这么好的地方，对面是壶公山，旁边有溪流，这是祖祖辈辈留下来的一块好地方，咱们兄弟两个合起来，在老屋原地重新盖一座新房子。我弟弟在电话说：好啊！我虽然生在上海，但莆田这个家是祖辈家乡，我将来也是要回去的，将来退休了，也要到老家这里来住的。

兄弟俩决定"盖房"，林元培是搞设计的，干起来也简单，他根据自己的记忆，按照脑子里童年老房子的格局模样，当年有几间房间，房子的高度是多少，画了个草图；并表示，这个盖房子的钱，由自己和弟弟来支付。

林元培画好老屋新房的草图，请了当地的施工单位来"讨论讨论"，当地人们说了，这么好的一块地方，只盖一层楼太可惜了，这个宅基地要造就造个两层楼、三层楼。林元培说不要，他要的就是儿

在莆田乡下老屋的山上与弟弟合影

时记忆的老模样。还有一件事情，就是原来的老屋大门总是贴有一副楹联的，老辈人怎么写的，现在还是那样写，必须"修旧如旧"。

林元培说：这间房子过去是父亲跟叔叔亲兄弟俩住的，老辈人在这里一起喝喝茶、下下棋，新房造好以后，自己与弟弟也要到这里来，看风景，喝喝茶，下下棋。

莆田是一个有文化的地方，从古到今出过两千七百个举人、进士。林元培老屋门上有一副楹联，当年就是一个秀才写的，林元培小时候就看到过的。当初每年过年的时候，父亲就要把这副楹联在红纸上重新写一遍，再到门上贴好。这个规矩是老祖宗传下来的，不好改动的。这个不到100平方米的小房子造得很快，不到一年就好了，造得很漂亮。以前的屋顶是木结构，现在改成钢筋混凝土。新房子造好，林元培把这副楹联刻在门框的石碑上，永久性的。"我父亲年年要写的，我是不可能年年回来写的，所以造块石头，刻好，嵌上去"。

前几年的清明，林元培的弟弟也七十岁了，他要回老家，邀林元培一起去。林元培回复说，自己年龄上去了，爬山也爬不动了，也就没有去。弟弟看到老屋门上的这副楹联，就拍了张照片寄给了林元培。

照片上的楹联是：门对壶山千载秀，屋环渭水万年春，横批：日月同辉。

现在的莆田老屋里，客厅中央的正面墙上挂着林元培母亲的相片。

林元培回忆起自己的母亲：与父亲一样，母亲也是当地土生土长的人，是本地一个村里的，母亲娘家距离林家也就相隔五十米。父亲姓林，母亲姓黄。母亲不识字，但是有一句话，她始终会用莆田话跟林元培及弟妹们讲，那就是：家贫子读书。

林元培这样追溯这句话的源头：福建莆田这个地方山多地少，这块地养不活那么多人，以往莆田人的出路，要么是考试当官，要么是赚钱经商，就是到外边去做生意，但做生意也是要有文化的，所以莆田当地的读书气氛很重。家贫子读书，这句话是有来头的，小时候父亲讲过，宋朝时候，莆田有两个亲兄弟进京考试，一个中了状元，另外一个中了榜眼，到了殿试的时候，皇帝就问这两个人：卿土何奇？卿，就是指你们两个，土是家乡的意思，何奇，人字旁一个可，奇，就是奇怪的奇；卿土何奇，意思就是说你们家乡真是不简单，一家出了两个人才。中了状元的大哥，回皇帝的话，就是：瘦地种松柏，家贫子读书。

当年的父亲总是这样告诫林元培，他的母亲也就记住了这句话，林元培小时候考试有不及格的时候，老师就会在本子上批红字。母亲不识字，但老师写了红字，"就不是好事情"，母亲是知道这个意思的，老人家就会叽叽咕咕地说上半天，反反复复讲的就是"家贫子读书"，意思就是说做父母的这么辛苦，小孩子怎么就不好好读书呢？

林元培这样概括：我母亲不识字，但她就认识这五个字；这个就是我们的家风。

第二十四章

2015 年 4 月，
林元培荣获国际小行星中心命名

2015 年，上海市政总院资深总工程师林元培已 79 岁高龄。

在这一年的 4 月 10 日，于上海举行的命名仪式上，中国工程院院士、著名桥梁工程设计大师林元培，接过铜匾和证书，正式获得永久性小行星命名。何梁何利基金会信托委员会主席、评选委员会主任朱丽兰，中国工程院副院长刘旭，何梁何利基金会秘书长段瑞春等出席了命名仪式。

4 月 13 日，《中国科学报》刊登记者署名报道：小行星"林元培星"正式命名。这则新闻报道的具体文本是——

"从 4 月 10 日开始，浩瀚银河中将再添一颗被冠以中国科学家姓名的小行星。曾领衔主持上海南浦大桥、杨浦大桥、徐浦大桥、卢浦大桥、东海大桥等项目的中国工程院院士林元培获此殊荣。"

"这颗国际编号为 210230 的小行星，由中国科学院紫金山天文台 2007 年 9 月 11 日发现。何梁何利基金会受中国科学院紫金山天文台委托，推荐杰出科学家命名小行星；2015 年 1 月 5 日，荣获国际小行星命名委员会批准，正式命名为'林元培星'。在'林元培星'之前，还有 100 多颗小行星以中国杰出人物、中国地名和中国的著名单位命名。"

"林元培长期致力于斜拉桥和拱桥的理论研究与设计建造，曾创造出跨度最大的斜拉桥世界纪录，成为在中国建成世界最大跨度钢箱拱桥的第一人。1989 年，由建设部批准，林元培被授予'全国工程设计大师'，2007 年获得何梁何利基金最高奖项'科学与技术成就奖'。由林元培领衔主持的上海南浦大桥、杨浦大桥、徐浦大桥、卢浦大桥、东海大桥和嘉陵江石门大桥、重庆长江鹅公岩长江大桥等均创世界领先水平。"

"在接受采访时，林元培笑谈，有机会一定要在天文望远镜里亲眼看一看这颗飞星。"（摘自《中国科学报》2015-04-13，第一版要闻）

林元培小行星命名的纸质证书，悬挂在上海市政总院办公室的墙上，而那份铜质的匾额，则挂在了他的家中。

在 2021 年长达半年的访谈中，林元培经常会说到这样的三句话。

第一句：机遇来了，新的时代，我的个性就是要创新。在中国百年未遇的转折时代，机不可失，失不再来，新的时代大潮，新的需求，新的跨越，新的可能，新的保障，必定席卷一切陈规戒律，毅然地向着新的目标奔涌而去；林元培的创新个性，是他学用精进的迎战姿态。

第二句：我一直在考虑，"是不是还有自己没有想到的第七个问题"。林元培完成自己的设计图纸，在落笔签字之前，总是反反复复地拷问自己，是否已经考虑了这个项目的"所有问题"，我是否准备好了所有的应对之策，我是否还有遗漏？直至今天，林元培的回答是：这"是否遗漏"的第七个问题始终没有出现，我设计的大桥，都质量完好，畅通无阻。关于这"第七个问题"的思考，体现的是林元培科学求实的严谨态度。

第三句：我总是睡不着。因为坚持创新，因为务必求实，在"创新"与"求实"两者结构而成的现代大型桥梁建筑的金字塔尖上，在新项目完成之前的日日夜夜里，林元培的"总是睡不着"，是他生理负荷的极端写照。

2019 年 4 月 11 日，经过为期四年的维修及改造，已建成通车 28 年的南浦大桥大修工程顺利竣工；此次大修范围包括主桥、浦东引桥、浦西引桥以及 11 条匝道，除常规维修内容外，南浦大桥添置了很多新"装备"，实现了全方位的"升级"。

小行星命名

接过林元培交付的接力棒，作为设计总负责人，马骉圆满完成了徐浦大桥的设计任务。今天上海市政总院的副总工程师马骉，对前辈的成功经验有着自己的领会。

马骉说："创新，是引领我们市政院发展，不断树立社会影响力的一个时代前提。我们的前辈，从建院初期就一直秉持这一精神，所以才有了我们上海市政总院今天的规模。创新不是凭空跳出来的，创新是时代驱动的需求，也是科学思想方法的必然发展，这是我在工作中相当重要的收获。

"重大市政工程设计，都有一个安全度的把握问题。经过徐浦大桥的实践过程，今天回过头来看，我觉得对安全的把握，实在是非常重要的，尤其是在上海市政总院项目越做越大，越做越有影响力的情况下，如果发生一次事故，那社会影响将是毁灭性的。任何重大工程的设计，都会有'边缘地界'，当真的接近非常边缘的时候，也就是我们设计人员必须全神贯注的时候，你要做的，都是全力保证成功，不能失败。林总推荐我担任徐浦大桥总设计师以前，我对这个'没有什么感受'，甚至还有点不以为意，但是工程越做到后面，就越认识到安全的重要性。上海市政总院的成功，得益于能够最充分地把握项目的安全度，这是我们相当重要的信誉资源。"

1954年，林元培来到上海市政总院工作的时候，业务人员不到一百人，而上海市政总院现有员工已有5960余人，7位全国工程勘察设计大师，43位享受国务院特殊津贴专家，245位教授级高工，有院士工作室、大师工作室和博士后工作站。

林元培说：徐浦大桥的设计，由后来人接班了，我也收获了一个不依靠我，就能独立完成项目设计的团队。一座桥，一支团队，我们上海市政总院有这样的收获是很完整的，说得个人化一点，人之常情，我可以安度晚年了。

第二十五章

2020 年 11 月参加
"庆祝浦东开发开放 30 周年"大会,
合影坐在第一排

2020 年 11 月 9 日，《人民日报》刊发通讯报道《三十年，敢闯敢试看浦东》：

"一片'烂泥渡'，能够生长什么？答案是，长出了摩天入云的楼群，刷新了上海的天际线；长出了活力四射的金融中心，刷新了国际金融格局。

浦东，是一个传奇。30 年前，站在外滩东望浦东，举目是阡陌纵横的郊野。30 年后，这里奇迹般地崛起一座现代化新城，以全国 1/8000 的土地面积，创造了全国 1/80 的国内生产总值、1/15 的外贸进出口总额。

浦东，更是一个象征。30 年前，党中央、国务院宣布开发开放浦东，向世界宣示中国坚定不移推动改革开放的决心和信心。那一年，从浦东传来的桩机轰鸣声，令全世界期待。"（摘自《人民日报》2020-11-9，头版）

这篇通讯用散文式的开笔，概括地勾勒出从中央到上海对于当年浦东实施改革开放坚决及急迫的心情。30 多年前的 1990 年 4 月 18 日，国务院批准同意上海市加快浦东地区的开发，并实行经济技术开发区和某些经济特区的相关政策。开发浦东、开放浦东，是中央为深化改革、扩大开放作出的又一个重大部署，对于上海和全国都是一件具有重要战略意义的事情。同年 4 月 30 日，上海市政府宣布开发浦东的十项优惠政策和措施。浦东的开发开放进入实质性启动阶段。

新闻稿中写到的"从浦东传来的桩机轰鸣声"，其中蕴含着于 1988 年 12 月 15 日打下的南浦大桥第一根钢管桩的历史记忆。1991 年 6 月 20 日，南浦大桥铺上了最后一块桥面板，这座在当时同类型桥梁中跨度位居第三的大桥全线贯通，汽车从浦西的中山南路到浦东南路，开行只需 7 分钟。浦江两岸一桥飞越。

第二天，2020 年 11 月 10 日，中央广播电视总台中国之声《新闻和报纸摘要》栏目报道：中央广播电视总台围绕浦东开发开放和发展成就报道工作已全面展开；作为前方新闻报道指挥中枢和采编播一体化传播平台，总台在长三角总部的上海国际传媒港设立"浦东开发开放 30 周年新闻报道中心"；300 多名采编播和文艺晚会创作人员已经全部就位。

2020 年 11 月 12 日上午，浦东开发开放 30 周年庆祝大会在上海世博中心举行。中共中央总书记、国家主席、中央军委主席习近平出席大会并发表重要讲话。

习近平强调，要抓住机遇、乘势而上，全面贯彻党的十九大和十九届二中、三中、四中、五中全会精神，科学把握新发展阶段，坚决贯彻新发展理念，服务构建新发展格局，坚持稳中求进工作总基调，勇于挑最重的担子、啃最硬的骨头，努力成为更高水平改革开放的开路先锋、全面建设社会主义现代化国家的排头兵、彰显"四个自信"的实践范例，更好向世界展示中国理念、中国精神、中国道路。

事前，林元培接到会议通知，他按时到达世博中心会议大厅，参加庆贺浦东开发开放 30 年的大会。他在会场前排就座。会议中间的休息时间，由工作人员通知并带领，林元培来到会议大厅旁的另一接见厅，习近平总书记与被邀请的五十余位会议代表合影留念，第一排有十五个座位，习近平坐在中央，84 岁的林元培坐在第一排左起的第三个位置。

迄今，中国工程院院士、全国工程设计大师林元培，是上海市政工程设计研究总院资深总工程师，这个职务"永不退休"，在每个工作日的上午，他都会来到自己的办公室。

越过沧桑岁月，从容步入晚年；"街灯的光穿窗而入，屋子里显出微明，我大略一看，熟识的墙壁，壁端的棱线，熟识的书堆，堆边的未订的画集，外面的进行着的夜，无穷的远方，无数的人们，都和我有关。我存在着，我在生活，我将生活下去，我开始觉得自己更切实了，我有动作的欲望。"（摘自鲁迅《且介亭杂文附集·这也是生活》）

无穷的远方，无穷的人们，都与自己有关，这就是一个建桥人毕生不渝的宗旨和辉煌轨迹。

林元培工程大事记录

一、柳江大桥：

中国第一座预应力刚构桥，跨度 124 米。
1968 年建成通车。

二、上海泖港大桥：

中国第一座大跨度斜拉桥，跨度 200 米。
1982 年建成通车。

三、重庆嘉陵江石门大桥：

单塔斜拉桥跨度 220 米。
此桥建成意味着中国可以设计施工跨度 400 米以上斜拉桥。
1988 年建成通车，获国家科学技术进步奖一等奖。

四、上海南浦大桥：

双塔斜拉桥，跨度 423 米，一跨过黄浦江。
1991 年建成通车，获国家科学技术进步奖一等奖。

五、上海杨浦大桥：

双塔斜拉桥，跨度 602 米，突破世界纪录。

一跨过黄浦江，1993 年建成通车，获全国最佳工程设计特等奖。

六、上海徐浦大桥：

跨度 590 米，一跨过江。

混合型斜拉桥，1997 年建成通车。

获 1997 年全国第九届优秀工程设计金奖。

七、上海卢浦大桥：

跨度 550 米。

现代钢结构拱桥，突破世界纪录。

2003 年建成通车，2004 年获国际桥梁会议"尤金奖"。

2008 年获国际桥梁协会"杰出结构奖"。

八、上海东海大桥

从上海至浙江省洋山港，海上距离 32 千米。

海上施工风狂浪高，一年中只有半年可以施工，必须与洋山港陆地施工在三年内同步完成，故创新设计 60 米一跨的梁分布在海上，可减少海上的水中墩和海上吊机的操作量。2003 年建成通车。获国家科学技术进步奖一等奖。

论文著作

［1］ 林元培，张乃华. 装配式横向铰接梁式桥板横向分布系数的计算（上）
［J］. 土木工程学报，1964（1）：34–42+30.

［2］ 林元培，张乃华. 装配式横向铰接梁式桥板横向分布系数的计算（下）
［J］. 土木工程学报，1964（2）：71–78.

［3］ Lin Yuanpei, Chen Weihe. The Bending Theory of Skew-anisotropic Plates
and Its Application in Skew Girder Bridges[J]. Chinese Quarterly of Mechanics,
1980.

［4］ 林元培，程为和. 斜交构造异性板的弯曲理论及其在斜桥上的应用［J］.
上海力学，1980（2）：1–16.

［5］ 林元培. 卡尔曼滤波法在斜拉桥施工中的应用［J］. 土木工程学报，
1983（3）：7–14.

［6］ Lin Yuanpei. The Design of Nanpu Bridge[J]. Structural Engineering and
Construction, 1991(12): 839–845.

［7］ Lin Yuanpei. Cable-Stayed Bridges in China[C]//International Symposium on
Cable-Stayed Bridges, Shanghai, 1994: 25–35.

［8］ Lin Yuanpei, Wang Jingmei.Design of the Cable-stayed Bridge of Chongqing
Yangtze River Second Bridge[C]//International Symposium on Cable-Stayed
Bridges, Shanghai, 1994: 135–141.

［9］ Lin Yuanpei, Zhang Zenghuan. An Approach to and Counter-Measures
Against Cracks on Composite Girder Cable-stayed Bridge[C]//International
Symposium On Cable-Stayed Bridges,Shanghai, 1994: 332–342.

［10］ Lin Yuanpei. Cable Stayed Bridges in China[J]. Proceedings of the Cable-
Stayed and Suspension Bridges, Deauville, 1994(1): 225–233.

［11］ Yuanpei Lin. Yangpu Bridge, Shanghai, China[J]. Structural Engineering
International, 1995, 5(3). DOI:10.2749/101686695780601033.

［12］ Lin Yuanpei, The Yangpu Bridge[C]//The Hong Kong Institution of Engineers. Proceedings of Bridges into 21st Century.Hong Kong:The Hong Kong Institution of Engineers, 1995: 55−62.

［13］ 林元培. 南浦大桥与杨浦大桥［J］. 土木工程学报，1995，28（6）：8. DOI:CNKI:SUN:TMGC.0.1995−06−000.

［14］ Lin Yuanpei, Zhang Zenghuan, Ma Biao. Xupu Cable-Stayed Bridge, Shanghai, China[J]. Structural Engineering International, 1996, 6(3): 166−167. DOI:10.2749/101686696780495644.

［15］ 林元培，谢旭，中国の长大合成杵斜张桥の设计と施工［J］. 桥梁と基础，1996：25−34.

［16］ 林元培，章曾焕，卢永成，等. 上海东海大桥工程总体设计［C］// 中国土木工程学会桥梁及结构工程分会，湖南省交通厅. 第十六届全国桥梁学术会议论文集（上册）. 北京：人民交通出版社，2004：14.

［17］ Lin Yuanpei, Zhang Zenghuan, Ma Biao, et al. Lupu Arch Bridge, Shanghai[J]. Structural Engineering International, 2004, 14(1): 24−26.

［18］ 林元培，章曾焕，马骉，等. 上海市黄浦江卢浦大桥设计［J］. 土木工程学报，2005（1）：71−77.

［19］ 林元培. 我国桥梁的进展［J］. 城市道桥与防洪，2006（4）：1−8. DOI:10.16799/j.cnki.csdqyfh.2006.04.001.

［20］ 林元培. 台湾海峡桥梁方案［C］//福建省交通协会，中华土木技师公会全联会. 2008 海峡两岸通道（桥隧）工程学术研讨会论文集.

主要专著两部

［1］ 林元培. 斜拉桥［M］. 北京：人民交通出版社，2004.

［2］ 林元培. 桥梁设计工程师手册［M］. 北京：人民交通出版社，2007.